FACULTÉ DE DROIT DE POITIERS.

DROIT ROMAIN :

DES DIVERSES GARANTIES

ACCORDÉES A LA FEMME POUR LA UTION DE SA DOT;

DE SON HYPOTHÈQUE LE.

DROIT FRANÇAIS :

HYPOTHÈQUE LÉGALE DE LA FEMME.

THÈSE

POUR LE DOCTORAT

PRÉSENTÉE ET SOUTENUE

LE 26 JUILLET 1867, A DEUX HEURES DU SOIR

DANS LA SALLE DES ACTES PUBLICS DE LA FACULTÉ

PAR

Charles-Alexandre Daget.

POITIERS

TYPOGRAPHIE DE HENRI OUDIN

RUE DE L'ÉPERON, 4.

1867

FACULTÉ DE DROIT DE POITIERS.

DROIT ROMAIN :

DES DIVERSES GARANTIES

ACCORDÉES A LA FEMME POUR LA RESTITUTION DE SA DOT;

DE SON HYPOTHÈQUE LÉGALE.

DROIT FRANÇAIS :

HYPOTHÈQUE LÉGALE DE LA FEMME.

THÈSE

POUR LE DOCTORAT

PRÉSENTÉE ET SOUTENUE

LE 26 JUILLET 1867, A DEUX HEURES DU SOIR

DANS LA SALLE DES ACTES PUBLICS DE LA FACULTÉ

PAR

Charles-Alexandre Daget.

POITIERS

TYPOGRAPHIE DE HENRI OUDIN

RUE DE L'ÉPERON, 4.

1867

COMMISSION :

Président, M. DUCROCQ.

Suffragants :
{ M. Abel PERVINQUIÈRE ✳. }
{ M. Martial PERVINQUIÈRE. } Professeurs.
{ M. LEPETIT. }
{ M. BAUDRY LACANTINERIE. } Agrégé.

———

A MA FAMILLE.

DROIT ROMAIN.

DES DIVERSES GARANTIES ACCORDÉES A LA FEMME

POUR LA RESTITUTION DE SA DOT.

DE L'HYPOTHÈQUE LÉGALE DE LA FEMME MARIÉE.

GÉNÉRALITÉ. — DIVISION DU SUJET.

Lorsque les aventuriers dont Romulus était le chef voulurent fonder le refuge qui devait être plus tard la capitale du monde, et peupler les solitudes qu'ils avaient choisies pour demeure, ils ne trouvèrent pas de femmes disposées à partager leur sort, et durent recourir au rapt et à la violence pour se donner des compagnes: ils allèrent à la conquête de ce butin nouveau, et leurs esclaves devinrent leurs épouses. Cette tradition de l'enlèvement des Sabines, répétée d'âge en âge, ne fut pas sans influence sur la situation juridique de la femme à Rome. Elle avait été esclave dans la ville naissante, elle resta sous la puissance de l'homme, sans pouvoir jamais s'en affranchir, jusqu'aux premiers temps de l'Empire : elle est, comme le fils de famille, sous la puissance paternelle tant que

1

son ascendant vit ou veut conserver sa puissance;
mais, à la différence du *paterfamilias*, qui reste en
tutelle seulement pendant son enfance, elle est mise
sous la dépendance d'un tuteur pour toute sa vie,
propter animi levitatem, ignorantiam rerum forentium,
d'après certains jurisconsultes, qui ne font que reproduire, sous une forme moins rude, l'opinion de Caton
telle que nous la transmet Tite-Live (34 *pro lege Appia*),
date frenos impotenti naturæ et indomito animali, en
réalité dans un but politique pour faire arriver leur
fortune à leurs agnats, qui sont de plein droit leurs
tuteurs.

Pour contracter mariage, il leur faut l'autorisation
de celui sous la puissance duquel elles se trouvent,
et leur état de dépendance n'est pas modifié en même
temps que la place qu'elles occupent dans la société.
En effet, comme nous le dit M. Gide (*Étude sur
la condition privée de la femme*, page 126), « tantôt
la femme, bien que mariée, demeurait dans sa
famille; tantôt ces liens étaient rompus par le mariage : la femme passait *in manum mariti* et n'avait
plus d'autre famille que celle de son mari. Cette
dernière espèce de mariage est sans contredit la plus
ancienne. L'antiquité de son origine se révèle dans
les formes particulières qui l'accompagnent et que
l'on retrouve presque identiques dans les plus anciennes législations. Il est donc probable qu'aux premiers siècles de Rome, la *manus mariti* était la suite
inévitable du mariage. »

En admettant comme exacte cette dernière asser-
tion, on voit que ce droit ne reste pas longtemps

sans être tempéré : la loi des Douze Tables, en indiquant comment la *manus* peut être évitée par l'usurpation annuelle du *trinoctium*, établit par là même que dès l'année 303 de Rome, ce fait juridique n'est plus une conséquence forcée du mariage, qu'elle en est simplement une suite naturelle. A partir de cette époque, on doit distinguer le *matrimonium liberum*, celui qui n'est pas accompagné de la *manus*, et le *matrimonium strictum*, celui qui en est suivi.

Lorsqu'au mariage est venu se joindre la *confarreatio*, la *coemptio* ou l'*usus* prolongé pendant un an, il se produit comme une sorte d'adrogation ou d'adoption : la femme devient la fille de son mari, *loco filiæ*, la sœur de ses enfants et même des enfants que son mari a eus d'un premier lit (Gaius, *Inst.*, C. 1. §§ 115, 136, 137); sa personnalité disparaît et avec elle ses droits de propriété, elle ne garde rien en propre, son mari lui succède *in universum jus*, et en échange elle acquiert des droits de succession sur le patrimoine de celui-ci, elle entre dans la classe des *sui heredes*.

Lorsqu'aucune des formalités indiquées n'est accomplie, elle reste dans son ancienne famille sous la puissance de son père ou sous la tutelle de ses agnats, elle garde ce qui lui appartient, mais n'acquiert pas l'espérance d'une succession ; elle est presque une étrangère dans la maison de son mari : *ego sum hic hospita*, dit la belle-sœur de Cicéron, qui avait contracté un mariage libre.

Cependant, malgré ses inconvénients, c'est ce dernier système qui prévaut ; la tutelle perpétuelle et la *manus*, frappées d'un même discrédit, disparaissent peu à peu et déjà du temps de Gaius ne méritent plus d'être étudiées qu'au point de vue historique.

Mais comme du fait même du mariage naissent de nombreuses charges, que ces charges doivent forcément être supportées par le mari, chef du ménage, et qu'au cas de *matrimonium liberum*, ce dernier ne reçoit rien en échange de l'obligation qu'il contracte, on arrive bien vite à dire qu'il faut modifier en ce point les conséquences d'une semblable union. La femme ne doit-elle pas, dans une certaine mesure, contribuer aux frais d'alimentation et d'éducation de ses enfants ? La nature semble lui en faire un devoir, et cette idée, inspirée par un sentiment de justice, fait créer la dot.

La dot, *id est, quod mulier vel alius mulieris nomine, præstat ad onera matrimonii sustinenda,* ou bien, comme le veut Doneau, *res quævis, uxoris nomine data propter nuptias, ut, dum nuptiæ stabunt, fiat mariti pro oneribus matrimonii, quatenus necesse est ab eo ita haberi, ad matrimonii onera sustinenda.* Cependant cette dernière définition, fort exacte pour la plus grande période de l'histoire romaine, l'est moins probablement pour les premiers temps; en effet, il semble qu'à l'origine la dot fut constituée de façon à transférer au mari une propriété irrévocable; bientôt on ne voulut plus laisser survivre l'effet à la cause, et, comme les divorces allaient toujours en se multipliant pour arriver à une telle fréquence que Sénèque a pu dire (*de benefic.*, l. III, ch. 16) : *uxorem sua ætate non consulibus, sed maritis numerasse annos,* on stipula d'abord qu'au cas de divorce, la dot serait restituée à la femme, puis on étendit ces stipulations, connues sous le nom de *cautiones rei uxoriæ*, de manière à assurer le retour de la dot à cette dernière ou même à ceux qui l'avaient constituée, et elles passèrent si bien dans les usages qu'on finit par les sous-entendre. Une *actio rei uxoriæ* est accordée aux ascendants et à la fille, sans qu'aucune stipulation soit intervenue, pour obtenir la restitution de ce qui a été donné au mari, et, à côté de cette action spéciale qui semble avoir été consacrée par le droit civil et non introduite par le préteur, comme le prétendent certains auteurs, une générale, l'*actio ex stipulatu* est employée souvent pour obtenir le même but par ceux auxquels la loi confère la première. On s'habitue à stipuler la restitution de la dot pour avoir des droits plus amples ; en effet, l'*actio rei uxoriæ* donne lieu, au profit du mari, à des retenues *propter liberos*, *propter res donatas*, *propter impensas*, *propter res amotas*, *propter mores* au cas de divorce par suite de la faute de la femme (Ulp. t. 6, § 9); elle permet au mari de restituer les choses de quantité reçues en dot en trois termes annuels (Ulp. t. 6, § 13); elle ne peut être cumulée avec l'*actio ex testamento*, et option doit être faite entre le legs ou la dot d'après un ancien édit *de alterutro*, auquel il est fait allusion dans la loi unique au code *de rei uxor. act.* § 3, tandis que l'*actio ex stipulatu* fait obtenir dans tous les cas à la femme la totalité de sa dot. Aussi Justinien, dont nous pourrons constater plus d'une fois les excellentes dispositions pour les femmes, remplace-t-il l'*actio rei uxoriæ* par celle *ex stipulatu* en donnant à cette dernière le caractère de bonne foi.

Mais, que l'on se place aux années qui précèdent l'avénement de ce prince au trône ou sous la période classique, qu'il y ait eu ou non stipulation, l'action en recouvrement de la dot est personnelle, la femme se dit créancière de son mari et réclame le retransfert d'une propriété qu'elle n'avait abandonnée que jusqu'à la survenance d'une condition, la dissolution du mariage. Puisqu'elle est simplement créancière de sa dot, le mari doit en être propriétaire.

Cette propriété n'est plus guère contestée aujourd'hui, au moins pour l'époque où vivaient les grands jurisconsultes de Rome ; elle résulte, en effet, des textes les plus formels ; Ulpien dit (L. 7, § 3 D. *De jure dot.*): *Dotem esse in bonis mariti, cam fieri*, et Gaius voulant citer le cas exceptionnel d'un propriétaire ne jouissant pas d'un des attributs essentiels de la propriété, le droit de disposer, écrit (C. 11, §§ 62 et 63): *dotale prædium maritus, invita muliere, per legem Juliam prohibetur alienare quamvis ipsius sit.* Voici maintenant des textes qui confirment le principe en en tirant des conséquences : la loi 24 D. *De act. rerum amotar.* donne au mari le droit de revendiquer la dot pendant le mariage contre la femme elle-même ; la loi 3 C. *De jure dot.* déclare qu'il peut affranchir les esclaves dotaux ; enfin la loi 78 D. *De jure dot.*, qui, dans une hypothèse spéciale, donne à la femme le droit d'agir pour la conservation de sa dot, *constante matrimonio*, affirme pourtant la propriété du mari.

La femme est créancière, à ce titre elle est exposée aux

chances résultant de l'insolvabilité de son mari, mais sa
créance est essentiellement favorable dans une législation qui encourage les mariages : aussi voyons-nous
la loi créer à son profit des garanties exceptionnelles :
ce sont ces garanties qu'il nous faut étudier en détail
et voici l'ordre que nous nous proposons de suivre
dans cette étude : une première partie sera consacrée
à l'examen des garanties dont jouit la femme pour la
restitution de sa dot pendant la période classique ;
une seconde contiendra l'exposé des modifications
apportées par Justinien.

PREMIÈRE PARTIE.

GARANTIES DONT JOUIT LA FEMME POUR LA RESTITUTION DE SA DOT PENDANT LA PÉRIODE CLASSIQUE.

La créance de la femme est privilégiée, elle est protégée par un *privilegium inter personales actiones*. Ce privilége est mentionné dans les lois 74 D. *De jure dot.*, 17 *in fine.* D. *De rebus auctorit. judicis possidendis*, et 22, D., § 13, *Soluto matrim.*; il a sa cause dans un intérêt d'ordre public, la formation des mariages et la procréation des enfants: *Reipublicæ interest mulieres dotes salvas habere propter quas nubere ; ossint* (Paul, L. 2, *De jure dot.* D.); et Papinien (L. 1, D. *De Soluto matrim.*) constate à la fois l'existence du privilége et sa cause : *Dotium causa semper et ubique præcipua est, nam et publice interest, dotes mulieribus conservari, cum dotatas esse fœminas ad sobolem procreandam replendamque liberis civitatem, maxime sit necessarium.*

Il est même accordé *favoris ratione* dans des hypothèses où il n'y a pas eu mariage et par suite pas de dot, par exemple, lorsque la fiancée a remis sa dot entre les mains de son futur et que le mariage n'a pas été célébré, ou, lorsque la femme n'a pas l'âge requis pour contracter une union reconnue par le droit civil.

Mais, comme un intérêt public a fait accorder ce privilége, la femme ne peut pas y renoncer (L. 12, § 1, *in fine.* D. *De pactis dotal.*) pendant la durée du mariage ; après sa dissolution, au contraire, elle doit être libre d'en disposer comme des biens composant sa dot. Paul suppose que cette garantie peut s'éteindre par suite d'une novation (L. 29. D. *De noval.*) : *perit privilegium dotis si post divortium dos in stipulationem deducatur*, et la loi 18, D. *De pactis dotal.* annulant la convention par laquelle la femme s'engagerait, durant le mariage, à ne pas demander la restitution de sa dot dès l'instant où la loi lui en donne le droit, et validant cette même convention intervenue après le divorce, fournit à cette solution un puissant argument d'analogie.

Cette préférence, comme son nom l'indique, existe seulement vis-à-vis des créanciers chirographaires, elle est insuffisante pour mettre la femme complétement à l'abri de l'insolvabilité de son mari lorsque celui-ci a aliéné ou hypothéqué le fonds dotal. La loi Julia fut rendue pour faire disparaître le danger résultant de l'aliénation, et une interprétation large du sénatus-consulte Velléien rendit impossible l'existence de celui naissant de l'hypothèque.

La loi Julia, relative au fonds dotal, a été rendue sous le règne d'Auguste : *hæc lex lata est a divo Augusto*, dit Ulpien (l. 1, *ad legem Juliam de adulter.*), et parmi les nombreuses lois *Julia* qui furent rendues sous ce prince, c'est celle *de adulteriis* qui renferme les dispositions sur notre matière : *Lege Julia de adulteriis cavetur ne dotale prædium maritus invita uxore alienet* (Paul, lib. II, t. XXI. B, § 2).

Défend-elle seulement l'aliénation du fonds dotal sans le consentement de la femme, comme le pensent les auteurs les plus récents, ou prohibe-t-elle en

même temps l'hypothèque de ce bien *etiam consentiente
muliere* ? Nous avons déjà indiqué notre avis sur cette
question ; nous donnons raison aux nouveaux sur
les anciens, et l'on peut en quelques mots justifier
cette solution : Paul dans le passage que nous avons
déjà cité, et Gaius (C. ii, § 63), s'occupant tous les
deux spécialement de la loi *Julia*, la représentent
comme prohibant la seule aliénation du fonds dotal
non consentiente muliere, et l'histoire vient nous donner
le motif de leur silence au sujet de l'hypothèque. Il
est à peu près certain qu'à l'époque d'Auguste, cette
institution, connue déjà en Grèce, n'avait pas passé
dans la pratique des affaires en Italie ; il semble même
que le *pignus* proprement dit n'était pas encore employé à Rome. Comment la loi *Julia* eût-elle pu prévoir l'établissement d'un droit réel sur la chose, une
aliénation partielle, alors que celle totale était seule
possible ?

Il est plus probable que la défense d'hypothéquer
le fonds dotal *etiam consentiente muliere* découle du
sénatus-consulte Velléien.

Ce sénatus-consulte proposé par les deux consuls
Marius Silius et Velleius Tutor paraît avoir été voté
vers le milieu du premier siècle de notre ère, à une
époque incertaine flottant entre les dernières années
du règne de Claude et les premières années de celui
de Vespasien. Mais si sa date n'a pu être précisée
malgré de savantes recherches, la science moderne
est arrivée à bien connaître le droit qu'il consacre.
Après lui, la femme ne peut pas s'obliger ou obliger
ses biens pour autrui ; elle ne peut affecter ses para-

phernaux au payement de la dette d'un tiers ou de
son mari ; il serait contraire à la logique de lui pro-
mettre d'obliger ses biens dotaux dont la loi désire
la conservation. Tel fut sans doute le raisonnement
qui dut faire naître cette nouvelle défense. Mais que
cette solution soit exacte ou que l'opinion contraire
soit seule conforme à la vérité, pour le point qui nous
occupe les résultats sont les mêmes ; cette prohibition
de l'hypothèque du fonds dotal a consacré une nouvelle garantie au profit de la femme, elle a pris naissance un peu plus tôt ou un peu plus tard : l'*actio rei
uxoriæ* a acquis par là une plus grande utilité, elle
s'exerçait par préférence aux créanciers chirographaires , elle s'exerce maintenant par préférence
même aux créanciers hypothécaires qui ne peuvent
plus avoir d'affectés à leur sûreté que des biens
propres du mari, si toutefois elle a apporté en dot
à ce dernier un immeuble non estimé.

Les anciens dangers subsistent au contraire si la
dot comprend des effets mobiliers ou un immeuble
estimé, car les droits du mari sur cette sorte de
biens n'ont pas été modifiés par la loi Julia ; Gaius
dit qu'elle s'applique au *dotale prædium*, Justinien,
qu'elle est écrite pour les *res soli*, Papinien, dans la
loi 20 D. *De manumiss.*, reconnaît au mari le pouvoir
d'affranchir l'esclave dotal, à la condition toutefois
qu'il soit solvable ; s'il ne l'est pas, il fait fraude à
la femme dans le sens de la loi Ælia Sentia condamnant les affranchissements faits pour porter préjudice
aux créanciers ; enfin, l'empereur Alexandre, dans
la loi 6, C. *De usufrutu*, distinguant avec soin le cas

où il y a eu une estimation et celui où il n'y en a pas
eu, termine ainsi : *qui proprietatem æstimatam in
dotem accepit non ideo minus obligare eam potuit : quo-
niam soluto matrimonio restituenda tibi æstimatio ejus
fuit.*

Comme le *privilegium inter personales actiones*,
même après la loi Julia et le sénatus-consulte Velléien
ne suffisait pas pour donner pleine et entière garantie
dans toutes les situations, la femme et les autres
constituants s'habituèrent à stipuler de nouvelles
causes de préférence pour assurer le payement de la
créance dotale.

Ces garanties ont été longtemps au nombre de
trois : une hypothèque, un gage ou des fidéjusseurs
(G. C. III, § 125); des constitutions impériales qui se
placent vers la fin du IVᵉ siècle prohibèrent la dation
des cautions par le mari à la femme durant le mariage; un titre entier au code est consacré à l'étude
de cette prohibition, il a pour rubrique : *ne fidejus-
sores, vel mandatores dotium dentur.* Mais il peut à
toute époque garantir la restitution de la dot par
une hypothèque ou un gage sur ses propres biens
ou sur les choses constituées en dot. Nous trouvons
de nombreux textes, au Digeste et au Code, s'occupant de cette sûreté exceptionnelle, nous en citerons
trois seulement : les lois II D. *quibus mod. pignus
solvitur*, l. 1. C. *de servo pignori dato manumisso*, et
l. 29, C. *de jure dot.*; l'étude que nous allons faire
de chacun d'eux va nous servir à établir les caractères
principaux de cette garantie.

Et d'abord, voyons la loi II. D. *quibus modis pignus*

solvitur, elle est de Paul : ce jurisconsulte constate
d'abord qu'un mari débiteur de sa femme et qui
avait garanti son engagement par gage ou hypothèque
de ses immeubles, a constitué concurremment avec
elle ces immeubles apportés en dot à sa fille. Là est
la preuve apportée à notre première affirmation,
l'hypothèque conventionnelle est possible. La dernière partie du texte va trancher la question de savoir
si cette hypothèque est disponible aux mains de la
femme ou si elle ne peut y renoncer : *Postea defuncto
Lucio Titio septitia filia abstinuit se ab hæreditate pa-
terna, quæro an mater ejus hypothecam persequi possit?*
Telle est la question, voici la réponse : *Pignoris
quidem obligationem prædiorum Gaiam Sciam quæ viro
pro filia communi eadem danti consensit, quum communis
filiæ nomine darentur, remisisse videri, obligationem
autem personalem perseverasse.* La femme qui a figuré
à l'acte d'aliénation des biens affectés à sa sûreté
renonce tacitement aux droits qu'elle a sur cet immeuble, elle garde seulement son action personnelle,
son *privilegium inter personales actiones*, que la loi
considère comme inaliénable. *Creditor, qui permittit
rem venire, pignus dimittit* (L. 158 D. *De reg. juris*);
à plus forte raison peut-elle consentir une renonciation expresse; et le sénatus-consulte Velléien, qui lui
défend de s'obliger pour autrui, ne prohibe pas cette
renonciation. Nous avons sur ce point le témoignage
d'Ulpien (L. 8. Pr. *ad S.-C Velleian.*) : *quamvis pignoris datio intercessionem faciat, tamen Julianus lib.* XII,
*Digest., scribit : Redditionem pignoris, si creditrix mulier
res quam pignori acceperat, debitori liberaverit, non esse*

intercessionem, et cet abandon, permis au profit d'un étranger, l'est également en faveur du mari (L. 18. D. *Quæ in fraudem credit.*, l. 11. C. *Ad S.-C. Velleïan.*) On aurait pu croire que, consenti à ce dernier, il constituait une libéralité; mais, comme le dit M. de Savigny (*Tr. de droit rom.*, T. IV, p. 86), « la remise d'un droit de gage faite par le créancier au débiteur n'est pas une donation, car, la créance subsistant toujours, ces biens ne sont pas diminués. Aussi cette remise est-elle valable entre époux. »

Enfin nous avons dans le même sens un monument législatif d'une date bien postérieure, c'est une constitution d'Anastase qui forme la loi 21, C. *Ad S.-C. Velleïan.*; nous n'avons pas l'intention de l'étudier ici en détail, nous la retrouverons quand il sera question de l'hypothèque légale. Mais, dès à présent, nous devons constater que les termes de cette loi sont aussi généraux que possible : *Jubemus licere mulieribus et pro uno contractu, vel certis contractibus, seu pro una, vel certis personis seu rebus, juri hypothecarum sibi competenti per consensum proprium renuntiare;* on n'y trouve pas trace de distinction entre la garantie portant sur les biens que la femme s'est constitués en dot et celle frappant les biens propres du mari, la femme peut renoncer à l'hypothèque qui lui a été consentie quel que soit le bien qui en est affecté. Rapprochons maintenant de ce texte les affirmations de Justinien dans la loi unique, C., § 15, *De rei uxor. act* : *Licet Anastasiana lex de consentientibus mulieribus vel suo jure renunciantibus loquitur, tamen eam intelligi oportet in rebus mariti, vel dotis quidem æstimalis, in*

quibus dominium et periculum mariti est. D'après ce
prince, dans l'ancien droit même, le mari ne devient
propriétaire de la dot que lorsqu'elle a été estimée,
la femme n'a le droit de renoncer à son hypothèque
conventionnelle que lorsqu'elle porte sur une chose
appartenant au mari. Ces deux affirmations sont con-
tredites par les textes, nous sommes en présence d'un
historique de fantaisie, et par là on peut juger de la
confiance que l'on doit apporter à tous ceux émanant
de la même source.

Ainsi la femme qui s'est fait consentir une hypothèque peut, comme un créancier hypothécaire ordinaire, renoncer à son gage.

Elle a les mêmes prérogatives, droit de suite, droit
de préférence : le mari qui même après la loi Julia
dispose des meubles dotaux à son gré, ne peut aliéner
l'esclave hypothéqué à sa sûreté, il n'a pas la faculté
d'affranchir sans son autorisation l'esclave dotal grevé
de cette sûreté (L. 1, C., *De servo pignori dato manumiss.*); créancière hypothécaire, elle a des droits
égaux aux créanciers du même ordre, elle concourt
avec eux, et son rang est déterminé par la date de la
constitution du droit réel : *Prior tempore, potior jure.*
Comme l'hypothèque en droit romain date du jour de
la convention, on fait remonter sa sûreté au jour où
l'*instrumentum dotale* a été rédigé, et non pas seulement au jour du mariage (L. 1, D., *Qui potiores in
pignore*), et cela sans distinguer si le payement a été
effectué immédiatement, ou si des termes ont été
accordés pour l'opérer, à cause de cet autre principe

que l'hypothèque prend rang du jour de l'obligation et non pas de l'époque fixée pour son exécution.

Mais il peut arriver que la dot soit augmentée durant le mariage, comme l'augment s'identifie avec la dot, il doit jouir des mêmes prééminences ; sa restitution doit être assurée par le *privilegium inter personales actiones* ; elle peut aussi être garantie par une hypothèque. De quel jour doit prendre rang cette dernière garantie ? Faut-il dire que cet augment, n'étant que l'accessoire de la dot, doit se confondre avec elle et être protégé par une sûreté ayant une même date ? Justin dit non : *jura etiam hypothecarum, quæ in augenda dote vel donatione fuerunt, ex eo tempore initium accipiant, ex quo eodem hypothecæ contractæ sunt, et non ad prioris dotis, vel ante nuptias donationis tempore referuntur* (L. 19. C. de donat. ante nuptias). Cette rétroactivité de l'hypothèque à un moment où nulle obligation n'a encore pris naissance pourrait être une source de fraudes et occasionner un préjudice pour les tiers, et le père adoptif de Justinien ne croit pas que la faveur dont les femmes sont dignes soit assez grande pour qu'on lui sacrifie des intérêts aussi respectables.

La dot et l'augment de dot peuvent donc être garantis par hypothèque, on pourrait également convenir que cette garantie sera affectée aux paraphernaux ; on finit même par décider que la stipulation d'une hypothèque pour la dot devrait s'étendre à cette sorte de biens : *Nam quum olim pacisci solebant tam pro dote quam pro paraphernis, æque consequens est, ut pro dote, hodie pactam haberi etiam pro paraphernis, possis addere et pro donatione propter nuptias eadem ratione*

(*Vide Cujas in lege* 29, C. *de jure dot.*). Il est bien entendu que cette hypothèque n'existe que le jour où le mari a reçu ces biens extra-dotaux (L. 11, C. *de pactis conventis*). Existe-t-elle seulement pour le capital ou même pour les intérêts? Si nous consultons la loi 11, il semble qu'elle ne protége que *pecunias sortis*, elle ne parle que du capital. Mais pourquoi? Sans doute parce que le mari n'est pas supposé débiteur des intérêts, il a reçu l'autorisation de les employer pour l'utilité commune des époux. Mais, si ce mandat ne lui a pas été conféré par la femme, pourquoi distinguerait-on entre le capital et les intérêts? Les intérêts des paraphernaux sont eux-mêmes des paraphernaux, ils sont compris sous les termes de la loi 29, C. *de jure dot.*, écrite seulement pour l'hypothèque conventionnelle puisqu'elle date de 528.

Quant aux intérêts de la dot, la question ne peut pas se présenter pendant la durée du mariage, le mari les reçoit pour les employer aux besoins du ménage et non pour les restituer. Mais si nous supposons que le mari après le divorce, ou ses héritiers après la dissolution du mariage par sa mort, deviennent débiteurs des intérêts de la dot, cette nouvelle créance naissant au profit de la femme semble devoir être protégée par l'hypothèque comme la dot elle-même.

La femme est créancière à ces divers titres, créancière à terme, et ce terme est la dissolution du mariage; ne pouvant réclamer son payement avant l'exigibilité, elle ne peut pas user plus tôt de son action hypothécaire; cependant, si telle est la règle, elle doit supporter exception dans l'intérêt de la femme et de la famille, toutes les fois que le mari penche vers sa ruine et expose en même temps que son patrimoine le bien destiné à faire face aux dépenses du ménage. Ce fait est désigné par les commentateurs sous les noms de *assecuratio vel indemnitas dotis*. La loi 24 D. Pr. *Solut. matrim.* est utile à consulter, elle nous indique la circonstance précise qui doit donner ouverture au droit de la femme : *Constat exinde dotis exactionem compelere ex quo evidentissime apparuerit mariti facultates ad dotis exactionem non sufficere*, et la loi 29, C. *de jure dotium* détermine les effets de cette action ; ce texte est de Justinien, il est daté de 528, un an avant que ce prince ait commencé les nombreuses modifications qu'il a apportées au système de garanties accordées à la femme pour la restitution de sa dot. De cette date il faut conclure, comme le remarque Cujas : *In hac lege « res viri suppositas intelligere ex conventione obligatas, quia nondum erat tacita hypotheca et Justinianus nondum dederat tacitam hypothecam mulieribus. »* *Quum maritus vergit ad inopiam*, disent les textes, la femme, qu'elle ait une hypothèque conventionnelle ou simplement le *privilegium inter perso- nales actiones*, jouit d'une action en recouvrement de sa dot et de sa donation à cause de noces comme si le mariage était dissous ; *ita tamen ut eadem mulier nul- lam habeat licentiam eas res alienandi vivente marito et matrimonio inter eos constituto, sed fructibus earum ad sustentationem tam sui, quam mariti, filiorumque si quos habet abutatur*; elle se met en possession des biens affectés à sa sûreté, mais ce n'est pas pour arriver à la vente et se faire payer sur le prix comme le ferait

un créancier ordinaire ; c'est pour les conserver : l'i-
naliénabilité complète du fonds dotal n'est pas encore
proclamée, et cependant Justinien défend la vente
dans cette hypothèse particulière, c'est que la dot n'a
pas achevé de remplir son but, le mariage subsiste,
et si la femme recevait des deniers, on craindrait
qu'elle ne les dissipât : *fragilis enim et lubrica res est
pecunia quæ facile perire potest*. Le président Favre en
conclut que si la femme a consenti à recevoir sa dot
en argent, c'est une raison suffisante pour qu'elle ob-
tienne une restitution en entier, et la plupart des
commentateurs en déduisent également que le *jus
offerendi* qui appartient en règle générale aux créanciers postérieurs vis-à-vis de ceux qui les priment
n'appartient pas à ceux qui se trouvent en face de sa
femme. Fachinée (L. 3, ch. 100) soutient l'opinion
contraire en se fondant sur des arguments assez sérieux pour que nous pensions devoir en présenter l'a-
nalyse et la réfutation : Justinien, dit Fachinée, n'en-
lève pas aux créanciers hypothécaires le *jus offerendi*
que les !...s 11 § L. C. *qui potior in pignore*, et 1 *eod.
tit.* D. leur accordent de la façon la plus générale ; en
effet, il est dit seulement dans la loi 29, C. *de jure
dot.*, que la femme pourra retenir les biens pour son
usage et son entretien ; par là est visée l'hypothèse
qui se présente souvent lorsqu'un mari fait de mauvaises affaires, celle où les biens de ce dernier ne peuvent suffire qu'à l'acquittement de la créance de la
femme. Mais si son patrimoine est assez considérable
pour solder toutes les dettes, pourquoi priver les
créanciers du *jus offerendi* ?

On répond : La loi 20, C., *De jure dot.* apporte évidemment une exception à la règle générale, et l'intérêt qu'a la femme à se prévaloir de cette dérogation est également certain : la nourriture et l'entretien de la femme, des enfants et du mari lui-même ne sont plus assurés si l'on est obligé de remettre les biens aux créanciers de ce dernier ; de plus, lorsque le mari *vergit ad inopiam*, à proprement parler il n'y a pas lieu à l'*exactio dotis*, *sed in tuto potius dos collocatur.* Cette décision est enfin plus conforme aux textes et à l'esprit général de la législation romaine entourant les dots de tant de faveurs.

Mais la solution donnée à cette question en un sens ou dans l'autre ne modifie nullement la nature du recours accordé à la femme au cas où le mari fait de mauvaises affaires ; c'est un bénéfice général déféré par la loi comme le *privilegium inter personales actiones* et auquel il ne semble pas permis de renoncer par avance.

Ce sont les seules garanties que la femme ait eues jusqu'en 529 ; cependant certains auteurs ont soutenu qu'elle avait en outre une revendication au moins utile, c'est-à-dire une faveur rendant les autres sans objet lorsque les choses dotales se retrouvaient en nature ; nous devons examiner cette prétention avant de passer outre, elle s'appuie sur la loi 55, D. *De donat. inter vir. et uxor.*, et sur la loi 22 § 13, D. *Soluto matrim.* Voyons si ces deux fragments sont bien topiques sur la question.

Le premier, la loi 55, D. *De donation. inter virum et ux.* est de Paul : voici l'espèce prévue et la solution adoptée par le jurisconsulte : une femme a donné de l'argent à son mari, celui-ci avec cet argent donné a acheté un meuble ou un immeuble, il devient insolvable et la chose achetée reste en nature ; la femme qui révoque sa donation pourra se servir utilement de la *condictio* ; le mari, en effet, quoique insolvable, n'a-t-il pas retiré un enrichissement de la donation puisque la chose acquise avec l'argent de la femme subsiste ? A cela il est répondu : il est impossible de dire que le mari n'a retiré aucun avantage de la donation, il n'y a pas à rechercher ce qui lui restera, déduction faite des dettes, mais ce qui lui est arrivé et est resté dans ses biens *ex re mulieris* : donc celle-ci peut réclamer le payement de la somme jusqu'à concurrence de la valeur de la chose. De plus, rien n'empêche d'accorder à la femme une action utile en revendication sur les choses achetées par le mari.

Les principes conduiraient à accorder seulement à la femme une action personnelle ; on lui en donne une réelle. Cette décision, toute de faveur, émane-t-elle de Paul ou est-elle due à Tribonien si porté à reconnaître le titre de propriétaire à celui qui ne devrait pouvoir demander la chose que comme créancier ? Le doute existe ; car, s'il y a eu interpolation, il est assez difficile de l'établir ; mais en admettant que le texte soit en entier l'œuvre de celui auquel on l'attribue, faut-il étendre la violation des règles du droit au profit de la femme qui révoque une donation à celle qui réclame sa dot ? Pour une pareille tension, il faudrait, au moins, qu'on eût la même raison de décider dans les deux cas, et ici on ne peut certes

pas invoquer l'adage : *Ibi eadem ratio, ibi idem jus.*
Dans l'espèce de la loi 55, si les pièces d'argent
fussent restées reconnaissables aux mains du mari,
la femme ne cessant pas d'être propriétaire aurait en
sans aucun doute le droit de les revendiquer (L. 5 ,
in fine, D. *De donat. inter vir. et uxor.*); elles ont été
remplacées par d'autres objets; une subrogation réelle
s'est opérée comme il s'en opère une dans les hypothèses prévues par les lois 54, D. *De jure dot.,* et 22,
§ 13, D. *Soluto matrim.*; la chose subrogée a pris la
nature de celle donnée et peut être revendiquée
comme elle. Pour les choses dotales, il ne peut être
question de subrogation, elles n'ont pas pris la place
de choses pouvant être revendiquées.

Quant à la loi 22, § 13, D. *De solut. matrim.*, elle
consacre une règle spéciale dans une hypothèse spéciale, et au lieu de faire supposer que la femme a une
action réelle pour le recouvrement de sa dot, elle fait
naître l'idée toute contraire. « Si une femme s'est
trompée sur la condition de son mari, dit Ulpien, si
elle l'a cru libre alors qu'il était esclave, elle doit jouir
d'un *quasi privilegium* sur les biens de celui-ci, de
façon qu'elle soit préférée dans l'action *de peculio* aux
autres créanciers ; cependant si l'esclave doit quelque
chose à son maître, elle ne vient avant celui-ci que
sur les choses apportées en dot et sur celles acquises
ex dote qui sont traitées comme dotales. »

Dans l'espèce il n'y a pas eu mariage, l'apport de
la femme doit être restitué, et comme il est devenu la
propriété du maître de celui qu'elle croyait pouvoir
prendre pour mari, elle a l'action *de peculio* pour se faire

remettre le montant de sa constitution, mais une action *de peculio* privilégiée qui doit la faire venir par préférence aux créanciers chirographaires sur le pécule de l'esclave ; cependant, un créancier lui est toujours préféré, c'est le maître : *nullum privilegium præponi patri vel domino potest cum ex persona filii vel servi conveniuntur* (l. 52 *Pr. de peculio* D.), sauf dans un cas exceptionnel, lorsqu'on retrouve les choses dotales en nature ou que d'autres leur ont été subrogées. Sur quoi est basée cette exception ? Faut-il dire avec Pothier (*Pandect. Justinian. Tit. soluto matrimonio*, n° 86) qu'elle ne prive le maître sur ces objets que grâce à une revendication utile ? Évidemment non, le grand jurisconsulte, dans le désir de trouver un motif de cette faveur, a laissé trop de côté les textes. Comment supposer à cette époque une action en revendication aux mains de la femme ? Il est de principe que la propriété transmise sous une condition résolutoire ne fait pas retour au propriétaire par la seule survenance de la condition : *non nudis pactis, sed traditionibus rerum dominia transferuntur.* Est-ce qu'il a été dérogé à cette règle en cette matière ? Mais notre loi 22 parle d'une action *de peculio* ; la loi 53, D. *eod. tit.* décide que le fils est tenu *dotis actione*, le père *de peculio, nec interest in peculio rem vel pecuniam dotalem habeat necne* ; peu importe, dit le jurisconsulte, que le père ait une chose ou de l'argent : dans tous les cas naît une action personnelle. Enfin la loi 3, C. *soluto matrimonio*, prévoyant la même hypothèse que la loi 22, compare le cas où la femme a remis une dot à l'esclave, à celui dans lequel elle est devenue créancière à un autre titre. On pourrait encore ajouter en ce sens la loi 53 Pr. *de peculio.*

De tout ce qui précède, il résulte bien que la loi n'avait jusqu'en 529 accordé à la femme que les deux garanties dont nous avons parlé ; la convention y avait joint dans la plupart des cas une hypothèque. Nous allons étudier maintenant le développement que donna Justinien à cette sûreté conventionnelle.

DEUXIÈME PARTIE.

INNOVATIONS DE JUSTINIEN. — HYPOTHÈQUE LÉGALE ACCORDÉE A LA FEMME.

Ces innovations sont contenues dans quatre textes, les lois 30 C. *de jure dot.*, l. uniq. C. *de rei uxor, actione*, § 1er et § 15 et 13, C. *qui poliores in pignore*, ayant des dates différentes ; pour saisir la portée des réformes et la marche suivie, il semble bon de faire venir nos explications dans l'ordre que nous trace le temps.

La loi 30 C. *de jure dot.*, se place en l'année 529 aux calendes de novembre ; elle est la première dans l'ordre chronologique, elle sera expliquée la première. En voici d'abord la traduction :

« Que les choses dotales sont mobilières ou immobilières, vivantes ou inanimées, estimées ou non estimées, nous voulons que dans tous les cas, si toutefois elles sont existantes, la femme, les réclamant en nature à la dissolution du mariage, ait sur elles un droit de préférence s'imposant à tous ; les créanciers antérieurs du mari ne pourront en vertu de leur action hypothécaire se faire payer avant elle sur le prix de ces objets parce qu'ils lui appartenaient lors de la constitution de dot, et même après sont restés sa propriété naturelle : car, si d'après la subtibilité du droit, ils semblent avoir passé dans le patrimoine du mari, la vérité des choses n'est pas obscurcie ou détruite. C'est pourquoi nous voulons que la femme ai une action en revendication et une hypothèque préférable à toute autre sur ces choses qui sont pour ainsi dire siennes. Ainsi, qu'elles soient considérées suivant la règle subtile du droit comme étant le bien du mari, ou d'après le droit naturel comme étant restées sa propriété, ses intérêts sont toujours sauvegardés, soit par l'action en revendication, soit par l'action hypothécaire.

Tout moyen de défense basé sur le temps, soit sur l'usucapion, soit sur une prescription de 10 ou 20 ans, 30 ou 40 ans, sur un délai quelconque plus long ou plus court, est opposable aux femmes à partir de l'époque où elles peuvent agir, c'est-à-dire, si le mari est solvable, du jour de la dissolution du mariage ; si sa fortune est compromise, du jour où le mauvais état de ses affaires est certain. Nous avons déjà décidé, par un motif d'humanité, que, même pendant le mariage, elles peuvent se prévaloir de leur hypothèque sur les biens des maris insolvables, supprimant ainsi complétement, pour le cas prévu dans notre constitution, l'ancienne fiction du divorce. »

Cette constitution renferme deux parties bien distinctes : dans la première il est parlé d'une action hypothécaire privilégiée et d'une action en revendication accordée à la femme ; la seconde est consacrée à déterminer l'époque où les actions de la femme commencent à être prescrites. Nous ne dirons que quelques mots de cette dernière disposition se rattachant indirectement à notre sujet ; mais l'autre doit nous arrêter plus longtemps.

La femme a une hypothèque privilégiée sur les biens apportés en dot.

Quel a été le but de cette nouvelle faveur ? Est-ce que le *privilegium inter personales actiones* ne suffisait pas à la femme pour lui assurer la préférence sur tous les créanciers du mari, le fisc excepté, depuis que la prohibition d'hypothéquer le fonds dotal s'était introduite ? Telle est l'objection qui se présente à l'esprit lorsqu'on veut se rendre compte des motifs qui ont déterminé l'innovation de Justinien ; elle disparaît devant un examen sérieux. Sans doute la femme depuis le sénatus-consulte Velléien est mise à l'abri des hypothèques émanées du seul consentement de son mari ; mais il en est d'autres qui procèdent exclusivement de la volonté de la loi, et celles-là atteignent le fonds dotal comme tous les autres biens du débiteur, ce sont des hypothèques nécessaires ; le sénatus-consulte n'a pas pu les atteindre puisque la loi Julia ne prohibait pas les aliénations de la même espèce ; c'est contre celles-là que la loi 30 présente une utilité.

Cette hypothèque privilégiée porte sur tous les biens constitués en dot, meubles ou immeubles, estimés ou non estimés, animés ou inanimés, pourvu toutefois qu'ils soient encore existants : c'est sans doute en ce sens que doivent être entendus les mots de la loi : *si tamen extant*; s'ils signifiaient que la femme n'a pas droit de suite contre les tiers, presque toute utilité serait enlevée à l'hypothèque, elle atteint une chose incorporelle comme une chose corporelle, l'objet dotal et celui qui en a pris la place, en un mot toutes les choses dotales sans exception, mais seulement celles-là ; Cujas le fait remarquer sur cette loi 30 : « *hoc ergo privilegium lex in rebus 30, dat tantum in ipsis rebus dotalibus, sive æstimatæ, sive incæstimatæ sint, et hæc quidem de rebus dotalibus ut in eis mulier habeat privilegium et inter personales et inter reales actiones. An idem habeat etiam in aliis bonis mariti? Minime quod jam ante docui, non habuit in aliis bonis ante. legem ultimam infra qui potiores in pignore C. et constitutionem unicam C. de rei uxor. act.* » Cependant, malgré le texte de la loi 30, malgré l'avis unanime de tous les commentateurs, la cour de Cassation, dans un de ses arrêts, en visant cette constitution, a cru qu'elle accordait deux droits à la femme, une action en revendication pour obtenir les objets mêmes qu'elle s'était constitués en dot et une action hypothécaire sur les biens de son mari. Cette erreur qui n'est pas douteuse doit être attribuée sans doute à une inadvertance et à la difficulté que la cour suprême a trouvée à concilier ces deux idées d'un droit de propriété et d'un droit réel appartenant à une même personne sur un même bien. Nous aurons bientôt à revenir sur ce point.

Maintenant que nous savons quels sont les biens grevés de cette hypothèque de la femme, nous devons rechercher les caractères de cette garantie et voir si elle se distingue d'une hypothèque ordinaire : la femme a un droit de préférence s'opposant à tous sans exception, elle doit avoir également un droit de suite; nous avons vu que les mots : *si tamen extant* ne pouvaient pas raisonnablement signifier : si la chose est encore dans le patrimoine du mari, mais : si la chose existe encore en nature; la loi 50, D. *Soluto matri-*

monio confirme cette interprétation : le mot *extare* qui s'y trouve ne peut certainement qu'indiquer des biens *in natura rerum*, mais ayant cessé d'être la propriété du mari. Evidemment ce droit de suite et ce droit de préférence devront disparaître si la femme consent à l'aliénation, car elle renonce ainsi tacitement à son hypothèque; mais ceci ne doit être vrai que pour les aliénations *quæ ex sola voluntate procedunt* : si nous en supposons une nécessaire, se produisant en dehors de toute volonté des parties et par suite ne tombant pas sous l'application de la loi Julia, il semble que dans une semblable hypothèque, la femme perdant son droit de revendication conserve son droit de suite contre le tiers acquéreur pour garantir la restitution de sa dot.

La femme a une action en revendication : *Mulier res dotales persequitur actione in rem ut suas, vel actione hypothecaria ut alienas*, dit Cujas (L. *in rebus*, C. *De jure dot.*) : elle est tantôt propriétaire avec les droits les plus entiers sur la chose, tantôt créancière avec un simple *jus in re* : c'est là une bizarrerie assez difficile à justifier ; Justinien, qui l'a tenté, pour y parvenir, invente une propriété naturelle de la femme à côté de la propriété civile du mari. Le système et la justification ont subi de nombreuses critiques. M. Demangeat les résume toutes en quelques mots, il n'a besoin pour cela que de constater les résultats : « L'hypothèque privilégiée, dit-il, apparaît d'abord comme supposant que la femme est restée propriétaire et ensuite comme supposant qu'elle a cessé de l'être » (*De fundo dotali*, p. 102, note 1). M. Sincholle

(*De l'inaliénabilité de la dot mobilière et immobilière,*
p. 91) ne trouve pas la moindre anomalie dans le droit
nouveau créé par Justinien. Voici sa réponse à l'auteur que nous venons de citer et à tous ceux, tant
anciens que modernes, qui ont soutenu la même
thèse : « M. Demangeat ne tient pas compte d'un fait
important qui justifie pleinement l'action hypothécaire de la femme, c'est l'aliénation des choses dotales
par le mari. Cette aliénation est une violation des droits
de la femme et des devoirs du mari. La femme tient
pour fait ce que le mari a fait, il s'est conduit en propriétaire; comment pourrait-il trouver mauvais que
la femme le considère comme tel à raison de son acte
d'aliénation, et qu'elle respecte cet acte en préférant
le prix ? Telle est la pensée de Justinien. La femme
a une option entre l'action en revendication et l'action
hypothécaire. Elle pouvait briser l'acte du mari par
l'action en revendication, mais elle préfère le maintenir, et ce parti pris par la femme fait que le mari
est considéré comme ayant acquis la propriété des
choses dotales, puisqu'il les a aliénées et que l'aliénation est ratifiée par l'option de la femme. Il est donc
juste que la femme, propriétaire originaire, ait la
situation privilégiée d'un vendeur et une action hypothécaire en payement du prix. Qu'y a-t-il là de contra-
dictoire ? »

Voici en regard de la critique la tentative de justification. Où est la vérité ? Justinien a-t-il émis deux
idées contradictoires ? Le rapprochement des droits
accordés à la femme semble suffire à l'établir : la
femme a le droit d'opter entre une action hypothé-

caire et celle en revendication : n'est-ce pas toujours
revenir à dire qu'elle a à la fois la propriété entière
et le démembrement de la propriété d'une même
chose ? Est-ce qu'un pareil cumul est admissible ? La
femme est seule propriétaire, dit M. Sincholle, qu'elle
ait alors l'action en revendication et aucune autre ; si
c'est le mari qui a ce droit comme le soutient avec
raison M. Demangeat, car rien dans la loi 30 n'indique
que cet ancien état de choses ait été modifié, qu'elle se
borne à exercer l'action hypothécaire, on ne peut
sortir de ce dilemme. Que Justinien ait eu un but en
s'écartant ainsi des principes qui découlent de la
réalité même des faits, ce n'est pas douteux ; que
l'anomalie trouve son excuse dans les intérêts des
femmes que certains croient préférables à tous les
autres, il n'en est pas moins vrai que l'esprit résiste
à voir deux droits pareils associés sur la tête d'une
même personne.

Ne vaudrait-il pas mieux dire simplement, avec
Godefroy, sur la loi 30, note *h* : « *Si res hujusmodi
sunt mulieris, quæ pignori eidem mulieri esse possunt ?
(L. 45, D. de reg. juris) ? Favore dotis id receptum
dicimus. Nam si juris subtilitatem spectamus mulier
hypothecaria utetur in res suas extantes, juris subtilitate
(id est æstimatione earum) mariti factas : si jus naturæ,
quo res ejus dotales extantes ejus esse dicuntur, vindica-
tione et ita diverso respectu diversis plane actionibus utetur
mulier.* » D'après ce jurisconsulte, le seul motif à
donner d'une pareille disposition, c'est la faveur de
la dot.

Mais quelle que soit la valeur de toutes ces critiques,

l'action en revendication existe, et nous devons maintenant l'étudier. Jusqu'ici nous avons toujours supposé
une action en revendication ; cependant Justinien a dit
seulement une action *in rem*. Mais cette action ne
peut être entendue que de celle par laquelle on se
prétend propriétaire ; s'il en était autrement, on ne
pourrait pas expliquer le mot *sive* placé à la fin de la
première partie de la constitution et indiquant certainement une faculté d'option. Du reste, la Novelle
91 fait disparaître tous les doutes : « *si aliquid appa-
reat rerum prioris aut secundæ dotis , hoc necessarium
filios prioris aut secundæ habere ; aut si moriatur etiam
illa, filios ejus singulos, quod proprie habendum suum
ostenderunt. Hinc enim et in rem, quæ de proprietate est,
competit jure et unumquemque, quod suum est, habere,
nullo privilegio indigens.* » Dans cette Novelle, Justinien explique qu'au cas de second mariage, la première femme est toujours préférée à la seconde, sauf
le droit par celle-ci de reprendre ses choses restées
en nature dans le patrimoine ; *hinc enim et in rem,
quæ de proprietate est* : voici le sens du mot précisé,
action *in rem* ou revendication sont synonymes.

Il s'agit donc bien ici d'une action en revendication ;
mais sur quels biens porte-t-elle ? Est-ce sur tous ceux
qui lui sont affectés par hypothèque ou seulement sur
quelques-uns d'entre eux ? Justinien n'indique aucune
restriction : est-ce un motif suffisant pour ne pas en
faire ? Tout le monde s'accorde à décider que la femme
ne peut revendiquer les choses dotales estimées, *æstimatio facit venditionem ;* elles sont devenues la propriété du mari ; on s'accorde également à dire qu'elle

ne peut pas revendiquer le fonds ou l'immeuble dotal
contre le tiers acquéreur, si l'aliénation a eu lieu de
son consentement ou si elle s'est produite *ex causa
necessaria*, et qu'elle peut au contraire s'intituler propriétaire des meubles se trouvant en nature dans la
succession. Mais le doute commence pour les meubles
aliénés par le mari seul; le tiers acquéreur peut-il
être évincé par la femme? Oui, disent les uns (M. Sincholle, p. 75), les termes de la loi 30 C. sont généraux, l'œuvre de Justinien serait sans aucun résultat
si ce droit de revendication était refusé à la femme,
le mari n'avait pas le droit de les vendre, donc elle
en est restée propriétaire. — Non, répondent les
autres (M. Demangeat, p. 190), et cette opinion nous
paraît seule admissible; le mari est propriétaire de
la dot, car aucun texte n'est venu lui enlever ce
titre: comment admettre que celui qui a reçu une
chose de la personne capable d'aliéner puisse être
soumis à un recours? Cette propriété du mari,
même pour l'époque de Justinien, nous paraît établie
par des textes formels: la loi Julia avait défendu
au mari d'aliéner le fonds dotal sans le consentement
de la femme. A qui s'adressent les nouvelles prohibi-
tions? Encore au mari, et c'est fort raisonnable,
puisque, *subtilitate juris*, il a la propriété civile.

Mais alors, restreinte dans ses justes limites,
l'action en revendication offre-t-elle quelque utilité?
Oui, elle permet à la femme de reprendre ses biens
en nature, et de ne pas être obligée de se contenter
de leur valeur: là se trouve son caractère d'utilité.

A côté de ces nouvelles faveurs établies par Justi-

3

nien au profit de la femme dans la loi 30 C. *de jure dot.*, se trouve une déchéance sur la portée de laquelle on n'est pas d'accord. Ce prince a-t-il eu l'intention par cette loi de modifier le principe que l'inaliénabilité subsiste au profit de la femme tant qu'elle n'a pas effectivement recouvré son immeuble dotal? A-t-il voulu que l'immeuble, inaliénable pendant tout le mariage, devint prescriptible à partir du mauvais état des affaires du mari, ou a-t-il eu simplement l'idée d'atteindre les actions auxquelles la femme recourt pour obtenir la restitution de sa dot, action personnelle, hypothécaire ou en revendication dans certains cas? Le texte n'est pas clair, il n'est pas explicatif, et, de cette absence de motifs, on a conclu peut-être avec raison que le véritable but de Justinien était celui indiqué en second lieu. Nous ne pouvons point entrer dans l'examen approfondi de cette question, qui sort du cadre que nous nous sommes tracé ; mais, en admettant que la loi 30 eût rendu l'immeuble dotal prescriptible, on pourrait dire qu'elle a été implicitement abrogée pour cette partie par le § 15 de la loi *uniq. de rei uxor.* déclarant d'une manière absolue l'immeuble inaliénable pendant le mariage, car la prescription est bien un genre d'aliénation. C'est à la seconde interprétation donnée à ce texte par nos anciens auteurs que nous devons les articles 1560 et 1561 du Code Napoléon.

La loi 30 n'avait établi de privilége au profit de la femme que sur les biens venant d'elle ; la loi uniq. C. *de rei uxor. act.* dans son § 1er lui donne hypothèque sur tous les biens de son mari, et dans son § 15

— 39 —

frappe d'une inaliénabilité absolue les immeubles dotaux.

Le § 1er est ainsi conçu : « Pour qu'une protection
plus efficace soit accordée aux dots, nous voulons
qu'une hypothèque tacite semblable à celle accordée
au pupille pour la sûreté de la gestion de ses affaires,
et à celle qu'on rencontre dans d'autres matières,
soit attribuée à la femme sur les biens du mari pour
la restitution de sa dot, et réciproquement au mari
sur ceux de la femme pour garantir l'acquittement de
la dot et répondre de l'éviction, de quelque personne
qu'émane la constitution et qu'un acte dotal ait été
ou non rédigé. » Voilà le premier pas vers l'hypothèque privilégiée : l'hypothèque que la femme avait pris
l'habitude de stipuler dans l'*instrumentum dotale* lui est
accordée de plein droit sur tous les biens du mari,
mais elle ne peut avoir pour date que le jour où le
contrat a été rédigé ; les droits des créanciers antérieurs du mari sont respectés : *Provisio hominis inu-
tilis non tollit utilem legis provisionem*, dit Godefroy sur
cette loi ; le législateur supplée à l'imprévoyance des
parties pour que les droits de la femme soient sauvegardés. Mais, malgré cette nouvelle faveur, celle-ci
peut encore se trouver en perte si elle consent à l'a-
liénation de son immeuble dotal, elle renonce par là-
même à son hypothèque. Le § 15 a été écrit pour faire
disparaître ce danger. « La loi Julia défendait au mari
d'aliéner le fonds dotal situé en Italie sans le consentement de la femme, de l'hypothéquer même avec son
consentement, on nous demande s'il est bon d'étendre cette prohibition à tous les fonds en quelques lieux

qu'ils soient ; nous pensons que cette extension serait
utile et nous voulons qu'elle ait lieu. Comme par cette
loi nous avons accordé à la femme une hypothèque,
elle est suffisamment protégée au cas où le mari vient
à aliéner son fonds. Mais pour que son droit d'hypothèque ne soit pas modifié de son consentement,
il est nécessaire de venir encore à son aide en ce
point, et pour cela, il faut ajouter que le fonds dotal
ne pourra être ni aliéné ni hypothéqué même du consentement de la femme, de peur que par suite de sa
faiblesse elle ne soit entraînée à sa ruine. Bien qu'une
constitution d'Anastase parle d'une façon générale des
femmes donnant leur consentement en renonçant à
leurs droits, il faut l'entendre seulement de celui
qu'elles peuvent avoir sur les biens propres du mari
ou sur ceux apportés en dot avec estimation, qui appartiennent également à ce dernier et sont à ses risques. Quant au fonds non estimé, celui proprement
appelé dotal, il faut que le droit de la femme reste
intact : incomplet d'après la loi Julia, par notre constitution il devient parfait, s'étend à tous les immeubles et ne se borne pas à empêcher l'hypothèque. »

Pourquoi cette défense? *Ne fragilitate naturæ suæ
mulier in repentinam deducatur inopiam*, tel est le motif
qui fait défendre d'une façon aussi rigoureuse l'aliénation et l'hypothèque du fonds dotal. Celle privilégiée
accordée sur les biens dotaux, avec l'exception toutefois
que nous allons indiquer, est considérée d'ordre public;
comme autrefois le *privilegium*, elle ne peut être
anéantie par suite d'une aliénation qui jusque-là avait
entraîné une renonciation tacite. Mais cette garantie

est-elle aussi d'ordre public lorsqu'elle porte sur les
biens propres du mari ? Evidemment non , car Justinien reproduit une constitution d'Anastase qui donne
à la femme le droit de renoncer à son hypothèque portant sur cette sorte de biens et sur ceux constitués en
dot avec estimation ; il est vrai que ce texte date d'une
époque où la convention seule donnait naissance à
l'hypothèque , mais ce prince en la reproduisant se
l'approprie et la rend applicable sous le nouvel état
de choses. D'ailleurs la loi ne parle que du fonds dotal. — Ces mots *fundus dotalis* vont nous servir à résoudre une question qui a fait naître des difficultés :
la femme peut-elle renoncer à son hypothèque privilégiée lorsqu'elle porte seulement sur des meubles ?
Des commentateurs ont soutenu l'affirmative en se
fondant sur cette règle d'interprétation : *ibi eadem ratio, ibi idem jus* ; la dot mobilière mérite autant d'être
conservée que celle immobilière ; ils invoquent en outre
la généralité du motif donné par Justinien : *ne et con-
sensu mulieris hypothecæ ejus minuantur,* et cette autre
maxime : *causa dotis pacto fieri deterior non potest.* Tel
est l'avis de M. de Savigny (*Traité de droit Romain,*
t. IV. p. 86, n. h.) : « Sans doute la femme ne peut
pas renoncer au droit de gage que la loi lui donne pour
ses répétitions dotales (L. uniq. § 18. C. *de rei ux. act.*) ;
mais cela résulte non de la prohibition des donations,
mais de cette règle toute différente qu'en matière de
droits dotaux , la condition de la femme ne peut être
empirée par contrat. M. Machelard (*Traité des oblig.
nat.,* p. 35) motive à peu près dans les mêmes termes
cette solution. Rapprochons maintenant l'opinion

de ces deux auteurs tout récents de celle des plus anciens : nous voyons ces derniers partant de cette idée : *provisio hominis provisionem legis excludit*, tirée par argument de la loi 11 C. *de pactis conventis*, décider que la femme a droit de renoncer à son hypothèque légale. Cujas, sur cette loi uniq. C. *de rei ux. act.*, dit : *Excludunt etiam a tacita hypotheca mulieres quæ marito remiserunt hypothecam ; igitur remissioni pignoris nihil est impedimento factæ a muliere*. Le président Fa-vre est aussi affirmatif : *Nemo dubitat quin possit mulier, etiam constante matrimonio, pignoris obligationem, sibi in hac aut in illa re, sive expresse, sive tacite quæsitam remittere, si modo alia bona supersint marito ; ex quibus illa indemnitatem consequi possit* (L. 8, t. 18, D.). Pour eux, la loi uniq. n'est pas un obstacle au droit de re-nonciation de la femme à son hypothèque légale ; ils ne font aucune distinction : d'où il semble qu'ils ad-mettent tout aussi bien la renonciation à l'hypothèque sur les meubles propres de la femme que sur les biens du mari ; quant à l'immeuble dotal proprement dit, il est mis hors de cause, le texte ne laisse pas de doute pour lui ; mais ils restreignent ce droit de renoncia-tion, il faut que la femme en l'exerçant ne se nuise pas, et comme des textes défendent que la femme devienne *indotata* ou *minus dotata* (L. 17 D. *de pactis dot.*), ils veulent que la femme puisse revenir sur sa renonciation si la fortune du mari ne suffit pas à la rendre complétement indemne. Justinien ne s'est approprié l'ancienne règle qu'un pacte ne peut rendre pire la situation de la femme (règle qui du reste ne visait que *le privilegium inter personales actiones*) que pour l'immeuble dotal proprement dit : celui-là seul doit à tout prix être conservé, celui-là seul ne peut pas être compromis par une renonciation. Ce droit de renoncer à son hypothèque subsiste pour la femme même après la loi *uniq. de rei ux. act.*

Nous allons rechercher maintenant si la trop fameuse loi *Assiduis*, 12. C. *qui potiores in pignore* a eu pour effet de le lui enlever.

Elle se place en 531 ; nous allons la traduire en entier pour pouvoir apprécier en pleine connaissance de cause la valeur des motifs qui ont déterminé Justinien à créer le droit exorbitant qu'elle consacre au profit des femmes :

« Assailli par les visites continuelles de femmes qui se plaignaient de la perte de leur dot et de la préférence accordée aux créanciers hypothécaires antérieurs de leur mari, nous avons recherché quel était sur ce point l'ancien état des choses, et nous avons remarqué que l'action *rei uxoriæ*, supprimée aujourd'hui, jouissait du privilège de faire venir celui qui l'exerçait par préférence à tous les créanciers personnels même les plus anciens. Mais cette faveur n'existait que quant aux créances personnelles; pour les hypothèques, la loi, se relâchant pour elles de sa rigueur, n'appelait la femme qu'à son rang et plaçait avant elle tous les créanciers hypothécaires antérieurs, sans tenir compte de la faiblesse de la femme qui livre à son mari fortune, corps et vie, et qui le plus souvent ne possède que sa dot. Il fallait donc décréter que les maris paieraient leurs créanciers avec leurs propres biens et non avec la dot de la

femme qui, constituée par elle-même ou par d'autres, est destinée à subvenir à sa nourriture et à son
entretien. — C'est pourquoi, nous souvenant que
nous avons fait déjà deux constitutions portant secours à la femme, nous les réunissons en une seule et
nous décidons que l'action *ex stipulatu* accordée par
nous à celle-ci pour lui faire obtenir la restitution de
sa dot, et que nous avons munie d'une hypothèque
tacite, primera tous les créanciers du mari et même
ceux ayant date antérieure. Pourquoi ce privilège,
qui était accordé à la dot, comme nous l'avons dit,
vis-à-vis de toutes les créances personnelles, ne l'é-
tendrions-nous pas à l'hypothèque, alors même que
les choses dotales ou celles qui ont été achetées à leur
place ne sont plus dans le patrimoine du mari,
qu'elles aient été perdues ou qu'elles se soient dissi-
pées de quelque façon que ce soit, pourvu que la chose
elle-même ait été remise au mari ? Qui pourrait ne
pas avoir pitié de la femme qui est soumise à tant de
devoirs vis-à-vis de son mari, à tant de dangers en
donnant le jour à des enfants dont nous encourageons
la procréation dans de nombreuses constitutions ?
Aussi, ce que l'antiquité avait commencé, nous le
parachevons par ce texte de loi, et nous accordons ce
privilège à la femme, qu'elle ait eu des enfants ou
qu'elle n'en ait pas eu. Nous exceptons seulement les
secondes femmes qui devront être primées par les
enfants du premier lit, auxquels nous avons déjà
donné une hypothèque pour le recouvrement de la
dot de leur mère contre leur père ou contre ses créanciers, et qui doivent jouir de la même faveur vis-à-vis

de la seconde femme sous peine de donner à celle-ci plus qu'à la première : ainsi leur droit reste aussi intact que si leur mère eût survécu, car lorsque deux dots sont dues par la même personne, la préférence entr'elles se détermine par le temps. Cette règle ne s'applique qu'à la dot et non à la donation anténuptiale qui ne doit être rangée qu'à sa date : car nous ne protégeons pas la femme pour qu'elle fasse un gain, mais pour qu'elle ne perde pas et ne soit pas frustrée d'une partie de sa fortune.

« Cette loi n'aura d'effet que de ce jour et ne devra être appliquée pour le temps qui précède. »

Pour compléter ce système, il faut joindre à ce texte des fragments des deux Novelles 91 et 97.

Novelle 91, ch. 1 : Si quelque chose de la dot est reconnaissable, il doit être gardé en propre à la femme ou à ses enfants et ils jouiront d'une action *in rem* : peu importe que les deux femmes survivent, qu'elles soient toutes deux mortes, ou que l'une d'entr'elles seulement ait cessé de vivre : la première des deux ou ses enfants auront la préférence (Novelle 97, ch. 3) : La même préférence existe vis-à-vis de ceux qui ont seulement un privilège personnel, par exemple celui qui a fourni l'argent pour un achat ou une réparation; elle ne cesse que vis-à-vis de ceux qui ont été exceptés par une récente constitution, et parmi eux il faut ranger celui qui a fourni de l'argent au mari pour acheter une *militia*.

Voilà le couronnement de l'œuvre : la femme créancière de son mari à raison de sa dot a un droit si favorable qu'elle doit passer avant tous les autres créanciers de celui-ci ; l'intérêt des tiers est complétement sacrifié, mais la dot de la femme est sauve. Justinien mérite son surnom d'*Uxorius* ; mais en acquérant ce titre, il compromet singulièrement sa réputation de législateur. Si ses contemporains ne protestent pas contre sa dernière innovation, les auteurs des siècles suivants l'accablent de critiques trop méritées, les uns se refusent à croire qu'une pareille théorie doive être attribuée au prince qui a fait rédiger les Instituts et ranimé les études du droit, ils torturent le texte pour arriver à atténuer la faute, et parmi eux, il en est qui vont jusqu'à soutenir que la femme reste primée par les créanciers ayant hypothèque conventionnelle antérieure en date à la sienne ; mais la lettre résiste et leurs efforts restent inutiles en face de ces mots de la loi *Assiduis* : *Sancimus potiora jura contra omnes habere mariti creditores licet anteriores sint temporis privilegio vallati*, et ceux-ci des Instituts aussi généraux que possible : *præferri illam aliis creditoribus volumus*. D'autres, Voët par exemple, constatent avec plaisir qu'une pareille prérogative n'a jamais passé dans la loi qui les régit. Dans les pays de droit écrit, elle est presque universellement repoussée ; et où elle est admise elle ne l'est que profondément modifiée. Enfin les législateurs du Code Napoléon écartent par un texte formel l'application de cette théorie. C'est que le respect des droits acquis n'est pas un principe bon seulement dans une législation et pour une certaine époque, c'est une règle de tous les temps et de tous les peuples, et Justinien lui-même sent l'atteinte qu'il porte à la justice en introduisant

un pareil droit ; il n'ose pas étendre cette faveur exagérée à toutes les créances que la femme peut avoir
contre son mari.

Elle ne doit en jouir que pour sa dot et pour son
augment de dot qui y est assimilé, et encore quant
à l'augment faut-il faire des restrictions (Nov. 97,
ch. 2), comme le dit Godefroy, *si quo tempore* (c'est-
à-dire à l'époque où la dot est augmentée), *maritus
dotem auget, ære alieno non laborat, dotem potest augere ;
si laborat, dotem augere potest immobilibus datis, non
mobilibus ;* la femme n'a pas de privilége pour l'augment de dot fait en meubles au cas où le mari a des
créanciers, dans la crainte qu'il n'y ait une fraude
projetée ; c'est du reste un principe général que la
dot ne peut recevoir d'accroissement pendant le mariage qu'à la condition qu'il ne soit pas destiné à frau-
der les créanciers : *Dos quidem augeri potest, matrimonio
constante, at non in fraudem creditorum,* dit encore
Godefroy sur cette novelle note *a*.

Ses donations *propter nuptias,* ses paraphernaux,
en un mot toutes les autres créances que nous avons
déjà indiquées sont protégées par une hypothèque
prenant rang seulement à compter de sa date (Théoph.
in § *fuerct de act. Nov.* 97).

Comme Justinien, le protecteur des femmes, est en
même temps le défenseur et le propagateur de la reli-
gion, la femme orthodoxe seule jouit de cette faveur
introduite par la loi *Assiduis* (nov. 100), et celle-ci
même ne peut pas transmettre son bénéfice à ses héritiers, mais seulement à ses enfants ; ces derniers ont
le même privilége que leur mère, qu'ils soient vis-à-

vis de créanciers ordinaires ou même en face d'une seconde femme ; la règle posée est celle-ci : *si duæ sint mulieres quæ de dote sua agant antiquior dotis causa præfertur*, mais chacune a le droit de revendiquer ses choses dotales se retrouvant en nature : au cas de concours la première est préférée. C'est une disposition qui ne s'explique que par la défaveur entourant à Rome les seconds mariages depuis l'arrivée au pouvoir des empereurs chrétiens (défaveur qui n'existe point dans notre législation malgré une opinion fort accréditée), car les deux femmes ont un même mérite, elles ont toutes les deux consacré leur fortune et leur vie à leur époux, et par suite de cette égalité elles devraient jouir de la même faveur.

Mais cette cause de préférence exceptionnelle, puisqu'elle ne peut se produire qu'au cas de deux mariages, n'est pas la seule ; la femme n'est pas toujours la première en rang, malgré les termes généraux de Justinien, que celui-ci du reste s'empresse de restreindre.

D'après Cujas, elle ne l'emporte sur le fisc que si elle a une date antérieure ; dans leurs rapports s'applique la règle : *prior tempore potior jure*, au moins est-il préféré sur les biens du primipile à la femme de celui-ci (L. 3, *De primipilo*). Elle est aussi dans un rang inférieur vis-à-vis de celui qui a fourni de l'argent à son mari pour acheter une *militia*, avec la clause expresse que cette *militia* serait affectée à sa sûreté (*Nov.* 97). Mais ce sont là les seuls créanciers qui la priment, elle vient même avant celui qui a prêté de l'argent pour acheter ou pour réparer un objet à la condition qu'il aurait un droit sur cette chose pour être assuré de son payement; Cujas termine ainsi son exposé : *et plus habet quam fiscus qui in hypothecis non habet nisi privilegium temporis et vitium affert regulæ juris quæ statuit in hypothecis priorem tempore esse potiorem jure. Denique ex hypothecariis creditoribus sola mulier quæ de dote sollicita est speciali jure suo, quod Justinianus indulsit privilegiaria est. Non verum est igitur quod aiunt fiscum et mulierem pari passu ambulare.*

Après la loi 12, C. *Qui potiores in pignore*, la femme a deux hypothèques, l'une privilégiée, l'autre prenant rang à sa date selon la nature des créances garanties. Peut-elle restreindre encore ce bénéfice conféré par la loi? Nous avons déjà résolu la question en distinguant : elle ne peut renoncer à l'hypothèque portant sur l'immeuble dotal proprement dit, elle peut renoncer à celle sur la dot mobilière et les biens propres du mari; la solution semble devoir être la même après la loi *Assiduis*; elle n'indique aucune modification à cet état de choses.

Tel est, à la mort de l'empereur Justinien, l'état de la législation sur la dot et les garanties accordées à la femme contre son mari.

DROIT FRANÇAIS.

DE L'HYPOTHÈQUE LÉGALE DE LA FEMME MARIÉE.

INTRODUCTION.

Nous avons vu les garanties attribuées à la femme en droit romain. Au lieu de la simple action personnelle *rei uxoriæ* pour la restitution de sa dot, Justinien lui accorde une hypothèque légale, la faisant venir par préférence à tous les créanciers, même à ceux antérieurs.

Voyons les modifications apportées en cette matière par les législations qui se sont succédé jusqu'à nos jours.

La France, dans l'ancien droit, morcelée en de nombreuses provinces ayant chacune sa législation spéciale, se divisait surtout en deux parties bien distinctes : les pays de droit écrit ou pays de Midi, et les pays de droit coutumier ou pays du Nord.

Dans les pays de droit écrit, soumis originairement à l'Empire romain, en ayant adopté les mœurs, le langage et les lois, l'hypothèque légale fut généralement reconnue à la femme ; mais tout en

admettant l'institution en principe, on en réduisit la
portée et l'étendue. Le parlement de Toulouse, seul,
conserva le privilége consacré par la loi *Assiduis*;
encore ne le fit-il que pour la dot et les intérêts de
la dot. Dans les autres parlements, l'hypothèque
existait seulement du jour du contrat de mariage
ou du jour de la célébration de l'union, suivant que
les époux avaient ou non fait constater par écrit leurs
conventions matrimoniales.

Dans les pays de droit coutumier, habitués aux
institutions germaniques, puisqu'ils étaient peuplés
en grande partie de Francs, de Burgondes et de
Wisigoths, il ne pouvait être question de l'hypothèque de la femme. Avant le treizième siècle elle
fut inconnue, et c'est à tort que quelques auteurs ont
prétendu en trouver des traces dans la *Somme rurale*,
de Boutillier; le grand coutumier de Charles VI se
borne uniquement à indiquer les droits des femmes,
mais rien dans ses termes ne peut faire reconnaître,
soit d'une manière directe, soit d'une manière indirecte, l'existence de cette garantie.

A partir de cette époque, surtout dans les provinces du centre, ce droit se généralise; mais il est livré
à l'arbitraire, la preuve testimoniale est toute-puis-
sante pour établir l'existence et la date de l'hypothèque même à l'encontre d'un acte public, c'est une
application de la maxime : *témoins passent lettres*.
L'ordonnance de 1539 fut le point de départ pour
arriver à la création de ce droit. Aux termes de cet
acte législatif, toute obligation passée devant notaire
emportait hypothèque; on fit une application de

cette maxime de droit commun à la femme; avait-elle fait un contrat, elle possédait une sûreté dont elle était privée au cas contraire. Mais était-il juste de subordonner l'existence de ce bénéfice pour la femme à la rédaction d'un contrat? Bientôt les coutumes, grâce au principe de l'ordonnance de 1539 et aux envahissements continuels du droit romain, reconnaissant l'utilité de cette institution, l'accordèrent à toutes les femmes mariées sans distinction.

La publicité de l'hypothèque fut, dès ce moment, en France, l'objet de la préoccupation de tous les esprits, et diverses tentatives furent faites dans le but de l'établir. Nous trouvons d'abord un essai de Henri III en 1581; mais en 1588 il n'en restait plus de trace. Colbert dans son édit de 1673 exigeait l'inscription du droit de la femme dès la cessation du mariage, mais il allait trop loin dans l'article 63, en obligeant celle simplement séparée à remplir cette formalité; car même après la séparation elle continue d'être sous la puissance du mari.

Tous les efforts des innovateurs échouèrent devant une opposition que rien ne put vaincre; l'hypothèque resta occulte; la cause en est connue, lisons-nous dans l'exposé des motifs sur le régime hypothécaire: les hommes puissants voyaient s'évanouir leur funeste crédit; ils ne pouvaient plus absorber la fortune des citoyens crédules, qui, jugeant sur les apparences, supposaient de la réalité partout où ils voyaient l'éclat. Sans doute on colora de beaux prétextes les motifs d'attaque contre les mesures salutaires qui étaient proposées; elles étaient, disait-on, entachées

4

de féodalité ; le crédit des hommes puissants importait à l'éclat du trône ; affaiblir cet éclat, c'était diminuer le respect des peuples. D'un autre côté, les efforts d'une classe d'hommes accoutumés à confondre l'habitude avec la raison et le cri des praticiens qui défendaient leur proie, vinrent fortifier les plaintes des courtisans ; les mesures prises contre la mauvaise foi restèrent sans effet.

Nous ne nous arrêterons point à étudier les formes du décret volontaire, ni celles des lettres de ratification établies par l'édit de 1771 sous Louis XV ; l'hypothèque légale de la femme n'était point comprise dans leurs proscriptions.

Lorsqu'arriva 1789, toutes les difficultés dont nous avons retracé le tableau plus haut n'existaient plus ; les principes d'égalité, au contraire, réclamaient hautement l'adoption d'un régime hypothécaire uniforme ; la loi du 9 messidor an III (article 17) proclama le principe général de la publicité et de la spécialité ; mais suspendue à plusieurs reprises elle ne fut jamais mise à exécution ; la consécration de cette double règle était réservée à la loi du 11 Brumaire an VII.

Le système hypothécaire fut l'objet de longues discussions lors de la rédaction du Code ; au point de vue du droit des femmes, deux camps se formèrent, l'un demandant qu'il ne fût admis aucune dérogation aux règles ordinaires en leur faveur, et l'autre voulant qu'il leur fût accordé une dispense d'inscription : ce dernier système l'emporta, par les motifs que nous indique M. Treilhard : les femmes sont dans l'impuis-

sance d'agir, souvent même dans une impuissance
totale et absolue ; le défaut d'inscription ne peut donc
leur attirer aucun reproche. Celui qui a traité avec le
mari en est-il aussi parfaitement exempt ? Il a dû
s'instruire de l'état de celui avec qui il traitait , il a
pu savoir qu'il était marié ; c'est à lui qu'il faut réserver le recours contre le mari, et l'hypothèque de la
femme ne doit pas être perdue pour elle, puisqu'enfin
seule elle est ici sans reproche : le défaut d'inscription ne lui sera donc pas opposé ; c'est un changement
aux dispositions de la loi du 11 Brumaire an VII ; mais
ce changement est une amélioration , il est exigé par
les règles d'une exacte justice.

On peut résumer la législation sur notre matière en
trois périodes : hypothèque occulte , sous l'ancienne
monarchie ; hypothèque publique, organisée par la
loi du 11 Brumaire an VII ; enfin, système mixte dans
lequel les hypothèques ne sont ni tout à fait publiques ni tout à fait occultes , sous le Code Napoléon.

Plusieurs fois depuis 1804, on a essayé de revenir
au système de la loi de Brumaire, mais en vain. Une
seule concession a été faite au principe de la publicité ; elle émane de la loi du 23 mars 1855, et est
écrite pour le cas de dissolution de mariage et de cession ou subrogation consentie par la femme (articles 8
et 9). Nous n'insisterons point sur le détail de ces articles, ils se retrouveront au cours de notre travail.

Tel est aujourd'hui l'é' t de l'hypothèque légale de
la femme qui a été l'objet de nombreuses attaques.
Elle entrave la marche des affaires ; elle est une source
de fraudes pour les tiers ; elle est un obstacle à la li-

bre circulation des biens, disent certains économistes,
et il est urgent de porter un remède à tous les abus
qu'elle engendre. Faut-il que tout le patrimoine du
mari soit affecté à la sûreté de la femme? Il serait de
l'intérêt même de cette dernière, qui a toujours avantage à voir les affaires de son conjoint prospérer, que
son hypothèque fût spécialisée et réduite dans les limites de ce qui est nécessaire. Si enfin l'on admet que
cette sûreté doit nécessairement être générale, ne
serait-il pas au moins possible de la faire porter à la
connaissance de tous? Pourquoi la dispenser d'inscription? Parce que la femme est sous la dépendance
de son mari? Mais son état d'infériorité vis-à-vis de ce
dernier ne l'empêche pas de s'obliger; il n'est pas plus
un obstacle à ce qu'elle s'inscrive. Enfin si l'on craint
qu'elle ne puisse pas elle-même accomplir cette formalité, une personne peut en être chargée sous sa
responsabilité personnelle: c'est le notaire. Le notaire
qui dressera le contrat de mariage prendra inscription
sur les immeubles appartenant au mari à cette époque; celui qui dressera l'acte d'acquisition, faisant
entrer durant le mariage un bien dans le patrimoine
de cette même personne, accomplira la formalité.

Telles sont les critiques qui se répètent chaque
jour; doivent-elles amener un changement dans notre
législation? Nous ne le pensons pas. M. le conseiller
d'État Treilhard a fait par avance l'apologie de l'institution: l'hypothèque de la femme doit être générale
parce que le chiffre de sa créance est indéterminé;
elle doit être dispensée d'inscription parce qu'il ne
faut pas que sa légèreté d'esprit, sa négligence ou sa

faiblesse l'exposent à perdre toute sa fortune. Un autre ne peut pas être obligé de remplir cette formalité à sa place : faire le notaire responsable d'un défaut d'inscription, c'est vouloir lui imposer une obligation au-dessus de ses forces : il fait un contrat de mariage, il donne tous ses soins à la rédaction de cet acte, c'est le moindre de ses travaux : il doit donc, remplissant un rôle d'inquisiteur, demander de tous côtés si son client n'est pas propriétaire ; il lui faut aller non pas chez un conservateur, mais chez dix, chez cent ; c'est le seul moyen qui lui soit donné pour arriver à connaître d'une façon à peu près certaine l'état véritable des choses, car s'il s'adressait au mari, celui-ci pourrait le tromper. Le notaire qui dresse l'acte d'acquisition a moins de peine, il est vrai ; il n'a qu'à se transporter chez le conservateur ; mais, toutes les ventes ne se font pas par actes authentiques, et par suite toutes ne tombent pas sous l'empire du projet. Que de frais et de tourments pour n'arriver qu'à une publicité incomplète !

Mais en admettant même que ces critiques soient fondées, la loi subsiste et nous devons l'étudier. Nous allons passer à l'examen des textes et nous nous proposons de diviser nos explications en quatre parties :

La première aura pour but d'indiquer la nature de l'hypothèque et les personnes auxquelles elle est accordée ;

La deuxième traitera des créances qui font l'objet de cette hypothèque ;

La troisième sera consacrée à l'étude des immeubles affectés en garantie aux droits de la femme ;

Enfin, dans la quatrième, nous nous occuperons de déterminer quels sont les moyens donnés aux tiers d'atténuer l'étendue de cette hypothèque.

PREMIÈRE PARTIE.

DES FEMMES AUXQUELLES L'HYPOTHÈQUE LÉGALE EST ATTRIBUÉE ET DE LA DISPENSE D'INSCRIPTION.

La réponse à cette première question est donnée par les articles 2121 et 2135 du Code Napoléon. Les droits et créances garantis par l'hypothèque légale, dit le premier de ces articles, sont ceux des femmes mariées sur les biens de leurs maris; le deuxième article s'exprime en ces termes : L'hypothèque légale existe indépendamment de toute incription, 1°....; 2° au profit des femmes, pour raison de leurs dot et conventions matrimoniales, sur les immeubles de leurs maris et à compter du jour de leur mariage. Il résulte de l'examen de ces deux textes, que le fait du mariage constitue à lui seul la cause de l'hypothèque, indépendamment du contrat qui règle les intérêts pécuniaires des époux. Peu importe le régime sous lequel ces derniers se sont mariés, il suffit qu'il y ait mariage pour que cette garantie puisse exister.

Mais il faut au moins une union remplissant les conditions exigées par la loi; si donc le mariage était déclaré nul, soit par vice de forme, soit par suite de l'incapacité de l'une ou de l'autre des parties, la femme n'aurait aucune hypothèque légale pour la répétition de sa dot ou de ses apports, à moins qu'elle n'eût été de bonne foi, lors de la célébration, car nous savons que les articles 201 et 202 du Code Napoléon font produire tous ses effets civils au mariage déclaré nul vis-à-vis de la personne qui a ignoré en le contractant le vice dont il était atteint.

De ce principe, il résulte qu'elle devra exister dans le cas d'un mariage contracté à l'étranger. Cette union célébrée suivant les formes exigées par la loi du pays est valable en France ; il semble donc que la femme qui a épousé un Français dans de semblables conditions a droit à l'hypothèque légale de l'article 2121, 1er alinéa.

Cependant, aux termes de l'article 2128, les contrats passés en pays étranger ne peuvent donner hypothèque sur les biens de France, s'il n'y a des dispositions contraires à ce principe dans les lois politiques ou dans les traités. Le texte ne distingue pas ; l'article 121 de l'ordonnance de 1629, que le législateur moderne a voulu reproduire, ne distinguait pas davantage lorsqu'il déterminait quelle devait être, relativement à l'hypothèque à établir en France, la force des jugements rendus et des actes passés en pays étranger. Nos vieux auteurs décidaient que les garanties dont nous nous occupons ne pouvaient naître au profit de la femme mariée hors de son pays natal.

Mais sous le Code Napoléon, la solution n'est plus la même ; si le mari est Français, la femme étrangère comme la femme française jouit de la garantie de l'hypothèque légale, le mariage avec un Français la lui confère : ce bénéfice est une conséquence nécessaire de l'état de la femme ou plutôt du mariage qui constitue cet état.

Si les contrats passés en pays étranger ne donnent

pas hypothèque en France, il en est autrement des contrats de mariage suivis de la célébration qui à elle seule suffit pour leur procurer force et valeur; ce sont des contrats du droit des gens, valables entre toutes les nations et en tous pays toutes les fois que leur date et leur authenticité sont certaines. Au surplus, la femme n'a pas besoin d'invoquer l'acte constatant ses conventions matrimoniales, pour avoir une hypothèque, le mariage suffit; ce que ne fait pas le contrat, la célébration du mariage l'opère.

Ce n'est point ici le lieu d'entrer dans le détail des conditions requises pour la célébration de ces sortes de mariages, nous nous bornerons à étudier la règle édictée par l'article 171 C. N.: dans les trois mois après le retour du Français sur le territoire de l'Empire, l'acte de célébration du mariage contracté en pays étranger sera transcrit sur le registre public des mariages du lieu de son domicile. La loi est impérative, cependant elle n'a pas énoncé de sanction pour le cas de désobéissance à ses ordres; faut-il, suppléant à son silence, dire que le défaut d'accomplissement de cette formalité empêche l'hypothèque légale de prendre naissance ? non; le mariage contracté en pays étranger est valable s'il a été célébré avec les formes usitées dans le territoire, pourvu qu'il ait été précédé de publications légalement faites en France, et que l'époux possède les qualités et conditions requises pour contracter mariage dans sa patrie. Pourquoi n'accorderait-on pas à la femme une hypothèque légale ? Est-ce que le mariage et ses accessoires, notamment cette hypothèque, ne subsistent

pas indépendamment de toute transcription? Il serait bien extraordinaire que la loi admit la validité
du mariage et le dépouillât d'une conséquence aussi
importante. Il n'était pas possible de faire dépendre
l'existence de l'hypothèque légale de la transcription
de l'acte de mariage; le plus souvent le mari négli-
gerait de le faire ou s'y opposerait; on remettrait
donc entre ses mains le sort d'une garantie établie
contre lui? Pourquoi exposer la fortune de la femme
à souffrir de la négligence de celui-ci, ou de son opposition et de sa résistance à remplir le vœu de la loi?
Ces motifs ont paru suffisants au législateur pour faire
dispenser son hypothèque de l'inscription: comment
ne le seraient-ils pas pour la faire dispenser de la
transcription?

Et qu'on ne pense pas que l'intérêt des tiers se
trouve sacrifié dans ce système, la qualité d'épouse
donnée par le mari à la femme est beaucoup plus efficace pour eux que la transcription sur un registre
qu'ils n'iraient pas consulter. Du reste, s'ils se trouvent blessés dans leurs intérêts, qu'ils se servent de
l'arme que le législateur leur a donnée, du droit consacré par l'article 1382 du Code Napoléon; qu'ils prou-
vent que le défaut de transcription leur a causé un
préjudice; alors les tribunaux apprécieront la mesure
de la réparation et des dommages-intérêts qui peuvent
leur être dus: ils sont à l'abri de toute perte, n'est-ce
pas assez, et faut-il restreindre le principe en créant
une exception que ni le texte ni l'esprit de la loi ne
peuvent autoriser?

La solution sera-t-elle la même lorsque la femme

française ou étrangère aura épousé un étranger?
Cette femme aura-t-elle une hypothèque sur les immeubles que son mari possède en France? Non. La
femme française acquiert par son mariage une hypothèque légale, la loi ne distingue pas, il ne faut pas
distinguer; ce bénéfice est propre aux nationaux, il
ne doit pas être étendu à la femme étrangère ou à la
femme française qui épouse un étranger. Ces deux
dernières ne peuvent prétendre à aucun droit sur les
immeubles de leur mari situés en France, ni pour leur
dot, ni pour leurs conventions matrimoniales, ni pour
quelque cause que ce soit, elles n'ont aucun droit à
une hypothèque légale, car la loi qui crée cette faveur
n'est pas la leur; elles n'ont même pas la ressource
d'une hypothèque conventionnelle, car nous savons
qu'un acte passé dans de pareilles circonstances n'emporte aucune hypothèque sur les biens situés en
France où il n'a le privilége ni de l'authenticité ni de
l'exécution parée.

On pourrait objecter, avec M. Troplong, que le
statut qui frappe d'hypothèque légale les immeubles
du mari est un statut réel agissant sur les immeubles
quel que soit leur possesseur; on pourrait dire aussi
que l'hypothèque légale n'est pas d'une autre nature
que celle conventionnelle ou judiciaire, et conclure
de là que ces dernières n'étant pas propres exclusivement aux Français, on ne saurait sans inconséquence
refuser à la femme étrangère le bénéfice de l'hypothèque légale sur les biens que son mari étranger
possède en France. Nous répondrons : A la vérité, la
loi hypothécaire appartient au statut réel lorsqu'on

l'envisage au point de vue de la charge qu'elle fait peser sur l'immeuble; mais elle n'est plus qu'un statut personnel quand il s'agit de la constitution de ce droit. La question de savoir si l'étranger qui a acquis une hypothèque sur des biens situés en France doit pour la faire valoir se conformer à la loi française n'est qu'une application de l'article 3 du Code Napoléon, et par conséquent se résout par le statut réel; mais pour savoir s'il est ou non apte à posséder cette hypothèque, c'est sa capacité qu'il faut interroger; c'est une question qui touche à l'état de la personne et dont la solution ne peut être demandée qu'au statut personnel. Or, l'hypothèque légale de la femme n'est point établie pour la conservation des biens qu'elle frappe, mais pour la garantie de l'action personnelle de la femme dont elle est l'accessoire : donc, bien que l'hypothèque légale soit un droit réel en elle-même, son application à la conservation des droits de la femme fait partie du statut personnel ; et comme la loi d'un pays expire à la frontière, la femme étrangère ne peut pas l'invoquer pour se créer une position préférable à celle des citoyens du territoire voisin.

On ne peut, il est vrai, contester à l'étranger la faculté d'acquérir en France une hypothèque judiciaire ou conventionnelle ; mais, pour qu'il en soit ainsi, l'acte lui conférant ce droit doit être soumis aux prescriptions des articles 2123 et 2128 du Code Napoléon. Il n'est pas possible de vouloir admettre une hypothèque résultant d'un acte qui n'a pas été soumis au contrôle de la loi française ; l'intérêt des nationaux pourrait se trouver trop compromis ; et si le législateur avait voulu admettre une solution différente, il n'eût point gardé le silence comme il l'a fait dans les articles 2121 et 2135.

Cependant cette femme étrangère jouit en France de l'hypothèque légale, lorsqu'un traité accorde à la femme française le même droit dans sa patrie, ou lorsqu'elle a reçu l'autorisation de résider sur le territoire de l'Empire.

Tels sont les principes, ils peuvent se résumer en quelques mots : droit de toute femme mariée française à une hypothèque pour la conservation de ses droits vis-à-vis de son mari. Nous verrons plus tard que cette prérogative peut être singulièrement réduite par des événements ultérieurs, tels que la faillite du mari, la renonciation de la femme à son droit ; mais avant tout il faut étudier les caractères de cette institution.

L'hypothèque légale de la femme résulte de la loi d'une manière principale et directe, en ce sens qu'elle existe de plein droit à son profit indépendamment de toute manifestation de volonté, de la part du créancier d'obtenir cette sûreté, et de la part de l'obligé ou débiteur de la consentir : elle résulte d'une convention tacite entre les parties.

Vis-à-vis de tous, elle existe sans avoir besoin d'être vivifiée par l'inscription ; si elle n'est pas inscrite, elle n'en a pas moins son existence pleine et entière, et ce défaut de publicité ne peut en aucune manière nuire à la femme ; toutefois ce principe subit une modification aux cas de réduction ou de subrogation que nous verrons plus tard.

La dispense d'inscription accordée à la femme est bien naturelle ; en effet, son hypothèque est déjà suffisamment publique ; le fait du mariage est notoire et on ne contracte pas sans savoir si une personne est mariée ou non.

La faveur accordée à la femme forme une des deux grandes exceptions au principe fondamental de la publicité. Comment lui aurait-on imposé à elle ou à ses parents l'obligation de prendre dès l'instant du mariage une inscription sur les biens du mari ? Comment aurait-on pu subordonner le rang de son hypothèque à l'accomplissement de cette formalité et s'exposer, par suite même de l'état de dépendance dans lequel elle se trouve vis-à-vis du mari, à rendre illusoire la faveur qu'on lui accordait ? Sa créance est indéterminée ; la garantie doit avoir le même caractère, et l'affranchissement de la publicité est indispensable. Comment ferait-elle ? L'hypothèque grève bien la généralité des biens du débiteur, mais l'inscription prise dans un arrondissement n'aurait aucune valeur dans un autre ; la femme ne serait jamais arrivée à déjouer l'habileté du mari qui voudrait dissimuler ses acquisitions immobilières ; la loi a vu le danger, aussi a-t-elle proclamé justement le principe de la dispense d'inscription.

Mais, protectrice de tous les intérêts et désireuse de ne pas voir ce droit ignoré des tiers, elle a dicté des moyens propres à empêcher cet avantage de devenir un piège tendu à leur bonne foi : aussi elle impose à certaines personnes l'obligation de requérir l'ins-

cription en accordant à d'autres la faculté seulement
de le faire.

1° *Personnes qui sont dans l'obligation de faire inscrire
l'hypothèque.* — Sont toutefois les maris et les tuteurs
tenus de rendre publiques les hypothèques dont leurs
biens sont grevés, et à cet effet de requérir eux-mêmes sans aucun délai inscription aux bureaux à ce
établis, sur les immeubles à eux appartenant et sur
ceux qui pourront leur appartenir par la suite. — Les
maris et tuteurs qui, ayant manqué de requérir et de
faire faire les inscriptions ordonnées par le présent
article, auraient consenti ou laissé prendre des priviléges ou hypothèques sur leurs immeubles, sans déclarer expressément que lesdits immeubles étaient affectés à l'hypothèque légale des femmes et des mineurs,
seront réputés stellionataires et comme telles contrai-
gnables par corps. — A défaut par les maris, tuteurs,
subrogés-tuteurs, de faire faire les inscriptions ordonnées par les articles précédents, elles seront requises par le procureur impérial près le tribunal de
première instance du domicile des maris ou tuteurs,
ou du lieu de la situation des biens (art. 2136 et 2138).

La loi impose au mari le devoir de faire connaître
par la voie de l'inscription l'hypothèque légale qui
grève ses biens, et elle prononce contre lui la peine
du stellionat dans le cas où ayant manqué de le faire,
il a consenti ou laissé prendre des priviléges ou des
hypothèques, sans faire la déclaration expresse dont
nous venons de parler. Ceci demande quelques explications. Nous voyons que l'art. 2136 vient aggraver
les rigueurs de l'art. 2059 ; d'après ce dernier article,

il n'y a stellionat que dans les trois cas suivants : 1°
lorsqu'on vend ou hypothèque sciemment la chose
d'autrui ; 2° lorsque l'on présente comme libres des
biens chargés d'hypothèques ; 3° lorsqu'on déclare des
hypothèques moindres que celles dont les biens sont
chargés. Dans tous ces cas, si on excepte celui de vente
ou hypothèque de la chose d'autrui qui est ici hors
de cause, il faut pour constituer le stellionat une déclaration expresse et mensongère. Ici au contraire il
suffit que le mari garde le silence sur l'hypothèque
légale. La disposition de l'article 2136 est plus sévère
et avec raison ; dans l'hypothèse de l'article 2059, le
tiers pouvait connaître la vérité par les inscriptions
qui doivent avoir été prises pour lui être opposables ;
dans celle-ci, il ne le peut pas, et le silence que le
mari garde le rend coupable d'un dol nécessitant
une exception au principe qu'il n'y a pas de stellionat
par réticence ; qu'il prenne inscription, il rentrera
dans le droit commun et échappera ainsi à la peine
dont il est menacé ; s'il ne se met pas en règle avec la
loi, il ne pourra se soustraire aux conséquences du
stellionat que par une déclaration formelle.

Il faut une déclaration précise, et rien ne peut la
suppléer, pas même la preuve que le tiers connaissait
évidemment l'hypothèque légale grevant les biens du
mari par suite de son assistance au mariage ou autrement. Cette solution est un peu rigoureuse, mais elle
s'explique par les considérations que nous avons déjà
présentées.

Cette peine contre les stellionataires est un vieux
vestige de la loi romaine. Ne connaissant pas la publi-

cité en matière hypothécaire elle avait dû prendre des mesures sévères pour protéger les gens honnêtes contre la mauvaise foi des débiteurs qui, profitant du secret de leurs engagements, consentaient des hypothèques sur des biens grevés déjà au delà de leur valeur. Le stellionataire s'exposait à une condamnation aux mines, au bannissement temporaire ou à la dégradation. L'article 2008 du Code Napoléon a tempéré cette rigueur; le respect de la liberté individuelle qui chaque jour fait des progrès semble devoir la faire atténuer encore ou même disparaître; mais ce texte est encore en vigueur, il prévoit deux hypothèses : le cas où le mari a consenti et celui où il a laissé prendre des priviléges ou des hypothèques sur ses immeubles.

On comprend que le mari consente une hypothèque, mais comment peut-il laisser prendre une hypothèque et surtout un privilége? Ces expressions pourraient sembler vides de sens, et cependant il n'en est rien. Pour l'hypothèque l'explication est facile, il peut pendant le mariage être chargé d'une tutelle, et par suite ses immeubles sont grevés d'une seconde hypothèque légale qu'il lui est défendu de laisser prendre, sans déclarer la première. Pour le privilége qui est toujours légal, la justification peut paraître plus difficile; voici cependant une hypothèse où l'article 2130 doit recevoir application : c'est celle où le mari vendeur d'un immeuble qui lui est propre est désintéressé par un tiers que lui paye son prix de vente et qu'il subroge dans son privilége de vendeur, il consent un privilége et doit faire la déclaration dont nous

5

nous occupons, car le subrogé a intérêt à connaître l'hypothèque légale de la femme de son vendeur qui vient en ordre préférable au privilège que ce dernier lui a transmis. Le mari est encore dans l'obligation de faire cette déclaration dans la subrogation de l'article 1250, n° 2. Il ne consent plus la subrogation, il est vrai, comme dans le cas qui précède, mais il y prête la main.

Ce n'était pas encore assez de l'obligation imposée au mari sous la sanction sévère dont la loi l'a menacé; la garantie des tiers demandait une protection plus complète. L'inscription peut être prise par d'autres personnes que par le mari, mais il n'y a plus d'obligation dans le sens propre du mot; car le défaut d'exécution ne soumet à aucune pénalité. C'est d'abord le procureur impérial; mais pour lui l'inscription est simplement facultative, il peut s'en dispenser s'il a la preuve qu'il n'existe aucun droit de créance.

Cette interprétation résulte d'une circulaire du 18 septembre 1806; on trouve dans ce document que l'intervention du ministère public est subordonnée au plus ou moins de diligence des parties, mais qu'il importe surtout qu'il n'agisse qu'en parfaite connaissance de cause et après s'être assuré qu'il y a lieu de prendre inscription, afin de ne point exposer les parties à des frais frustratoires, et les tiers qui auraient légitimement contracté à des vaines difficultés et à des lenteurs préjudiciables.

2° *Personnes à qui la loi donne la faculté de prendre inscription* (2139). — Peuvent les parents soit du mari soit de la femme et les parents du mineur, ou à défaut de parents ses amis requérir lesdites inscriptions ; elles peuvent aussi être requises par la femme et les mineurs. Elles peuvent l'être également par les amis du mari quoique le texte ne le dise pas, de même par la femme même non autorisée ; la loi le lui permet et confirme ainsi le principe que l'incapable est toujours apte à faire sa condition meilleure et a la capacité nécessaire pour les actes conservatoires. Les amis de la femme ont même la faculté d'inscrire son droit : on ne saurait invoquer un motif d'immoralité fort contestable, quand il s'agit de satisfaire à un vœu de la loi.

L'article 2135 se termine ainsi : dans aucun cas la disposition qui précède ne pourra préjudicier aux droits acquis avant la publication du présent titre ; quel est le sens de cette réserve ? Évidemment le législateur fait allusion au principe de publicité consacré par la loi de Brumaire, le créancier du mari qui avait pris inscription avant la femme ne pouvait jamais se voir primé par celle-ci lorsqu'elle n'avait pas rempli la même formalité ; tous les droits ainsi acquis antérieurement au Code doivent donc être respectés.

Les articles 2136, 2138 et 2139 qui n'offraient qu'un moyen imparfait de faire connaître aux tiers l'importance de la dot et des conventions matrimoniales de la femme ont été complétés par la loi du 10 juillet 1850. Ce texte impose à l'officier de l'état civil appelé à procéder à la célébration du mariage, l'obligation d'interpeller les conjoints ainsi que les personnes qui autorisent le mariage si elles sont présentes, d'avoir à déclarer s'il a été fait ou non un contrat et d'énon-

cer dans l'acte cette déclaration ainsi que les noms et
lieu de résidence du notaire qui l'a reçu. La publicité
des actes de l'état civil leur permet de vérifier et de
constater l'état des personnes avec lesquelles ils con-
tractent et de savoir si un contrat règle les intérêts
pécuniaires des époux.

Telles sont les personnes auxquelles a été confié par
la loi le soin de révéler aux tiers l'existence du droit
hypothécaire de la femme. Mais quelles formes ont-
elles à employer ? L'article 2153 répond à la question.

Aux termes de cet article, les droits d'hypothèque
purement légale des femmes mariées sur leurs
époux sont inscrits sur la représentation de deux bordereaux contenant seulement : 1° les nom, prénoms,
profession et domicile réel de la créancière et le domicile qui sera par elle et pour elle élu dans l'arrondissement ; 2° les nom, prénoms, profession, domicile ou désignation précise du débiteur ; 3° la nature
des droits à conserver et le montant de leur valeur
quant aux objets déterminés, sans être tenu de la
fixer quant à ceux qui sont conditionnels, éventuels
ou indéterminés. Les énonciations que doivent conte-
nir ces bordereaux sont beaucoup plus simples, on
le voit, qu'au cas d'hypothèque conventionnelle ou judiciaire. D'abord la représentation du titre n'est pas
exigée, il peut ne pas y en avoir si les époux se sont
mariés sans faire de contrat. Il ne faut pas non plus
d'évaluation ni d'indication d'époque d'exigibilité : en
réfléchissant sur la nature de l'hypothèque légale on
demeure convaincu de la difficulté qu'il y aurait d'éva-
luer les droits qui en font l'objet, et de l'impossibilité

de fixer une époque d'échéance, puisque les créances de la femme ne se déterminent qu'à la dissolution du mariage ou à l'époque de la séparation. Toutefois, comme nous le verrons, le tiers cessionnaire de la femme doit, dans l'inscription qu'il est obligé de prendre, indiquer le montant des sommes pour lesquelles il s'inscrit. Il était bien inutile aussi d'exiger l'indication de l'espèce et de la situation des biens, puisque l'hypothèque dans sa généralité grève tous les immeubles du mari.

L'existence de l'hypothèque légale de la femme, indépendamment de toute inscription, avait été édictée dans le Code Napoléon en termes absolus, sans restriction ni limite de temps; il en résultait que cette dispense était perpétuelle et que quelque temps qui se fût écoulé depuis la dissolution du mariage, la femme devenue veuve n'en avait pas moins une hypothèque au rang assigné par l'article 2135. Cette disposition se comprend tant que la femme est rangée dans la classe des incapables; mais pourquoi la maintenir quand elle a recouvré sa capacité? Elle a alors toute latitude pour s'inscrire, ne subit plus aucune influence et ne rencontre aucun obstacle; il était donc logique de la faire rentrer dans le droit commun. L'article 8 de la loi du 23 mars 1855, régénérant le principe de la loi du 11 brumaire an VII et aussi dans une certaine mesure ceux déjà consacrés par Colbert dans son édit de 1673 (articles 58 et 59), est venu mettre une borne à cette exagération du Code Napoléon; il a voulu, en maintenant la dispense d'inscription en principe, qu'elle ne survécût pas aux causes en vue desquelles elle était instituée, et que désormais cette garantie, qui avait sa cause dans une situation essentiellement temporaire, fût temporaire elle-même comme cette situation. Si la veuve, dit cet article, le mineur devenu majeur, l'interdit relevé de l'interdiction, leurs héritiers ou ayants-cause, n'ont pas pris inscription dans l'année qui suit la dissolution du mariage ou la cessation de la tutelle, leur hypothèque ne date, à l'égard des tiers, que du jour des inscriptions prises ultérieurement. Cette nécessité de s'inscrire date pour la femme du jour de la dissolution du mariage et non pas du jour de la séparation de biens ou même de la séparation de corps. L'édit de Colbert, que nous avons déjà cité (article 63), imposait bien à la femme séparée l'obligation de s'inscrire, mais une pareille obligation ne peut plus lui incomber aujourd'hui, elle est encore soumise à la puissance maritale et ne jouit pas d'une indépendance assez complète; le motif qui a fait admettre la dispense de publicité subsiste.

On pourrait s'étonner des termes de l'article 8, qui parle de la veuve et de ses héritiers; la loi a voulu parler ici des héritiers de la femme prédécédée, car il n'y a pas de motif pour prolonger en leur faveur le bénéfice d'une hypothèque occulte. Le délai devra courir contre ces héritiers, même s'ils sont incapables, car ici il s'agit d'une déchéance, et en admettant même que ce fût une prescription, l'article 2278 confirmerait cette solution.

L'inscription pourra être prise même après un an, mais au lieu d'avoir l'effet rétroactif qui lui eût été attribué en cas d'inscription dans le délai légal, elle n'aura rang que du jour de l'accomplissement de la formalité.

Ici se termine notre première partie.

Nous avons vu à quelles femmes était accordée une hypothèque légale et quelle était la nature de ce droit ainsi que les précautions prises pour sauvegarder les intérêts des tiers; nous allons maintenant étudier quelles sont les créances pour lesquelles la femme a obtenu cet avantage.

DEUXIÈME PARTIE.

DES CRÉANCES QUE GARANTIT L'HYPOTHÈQUE
DE LA FEMME.

La femme mariée a une hypothèque légale sur les biens de son mari, dit l'article 2121 du Code Napoléon, pour tous ses droits et créances quels qu'ils soient, c'est-à-dire pour tout ce dont son mari se trouve être son débiteur.

L'énumération de ces créances est renfermée dans l'article 2135, qui assigne une date à ses hypothèques; cette date n'étant pas autre que celle des créances, la loi devait en donner un tableau, mais il est facile de se convaincre que cette énumération, donnée d'une manière accessoire, est loin d'être complète, aussi n'est-elle pas limitative.

Abordons de suite notre texte : l'hypothèque existe indépendamment de toute inscription, dit l'article 2135 : 1° au profit des mineurs et interdits, sur les immeubles appartenant à leur tuteur, à raison de sa gestion à compter du jour de l'acceptation de la tutelle; 2° au profit des femmes mariées, pour raison de leur dot et conventions matrimoniales, sur leurs maris, à compter du jour du mariage. — La femme n'a hypothèque, pour les sommes dotales provenant de successions à elle échues ou de donations à elle faites pendant le mariage, qu'à compter de l'ouverture des successions ou du jour que les donations ont

eu leur effet. Elle n'a hypothèque, pour l'indemnité
des dettes qu'elle a contractées avec son mari et pour
le remploi de ses propres aliénés, qu'à compter du
jour de l'obligation ou du jour de la vente. Nous ne
nous arrêterons point sur ce que renferme la première partie de cet article, elle concerne le mineur,
et par conséquent se trouve en dehors de notre matière. Observons toutefois qu'il ne peut s'élever
aucune difficulté à l'occasion des termes employés
dans les articles 2135 et 2195, qui parlent du jour de
l'acceptation de la tutelle et du jour de l'entrée en
gestion, ces deux expressions sont synonymes, car le
tuteur doit gérer du jour de son acceptation, c'est
comme si la loi avait dit du jour où le tuteur devient
responsable.

Mais nous ne pouvons passer sous silence la position différente faite par cet article au mineur et à la
femme. L'hypothèque du mineur a une date unique,
celle de l'entrée en fonctions du tuteur, pour toutes
ses créances non-seulement présentes mais futures;
celle de la femme, au contraire, a plusieurs dates;
pourquoi donc cette différence? En voici les motifs:
la tutelle a une durée fixe et peu longue, le tuteur ne
sera sous le coup de l'hypothèque que pendant un
temps dont tout le monde peut connaître au moins
le maximum; la durée du mariage, au contraire, est
incertaine et le crédit du mari serait anéanti d'une
manière presque complète; dans un autre système,
le mineur ne peut exercer aucune surveillance sur
son tuteur, tandis que la femme a contre son mari
la ressource de la séparation de biens. Si la date était

unique pour l'hypothèque, le mari arriverait, au moyen d'engagements fictifs, à créer une garantie exagérée pour la femme et à frustrer ainsi ses créanciers, aussi le législateur lui a-t-il assigné des dates aussi multiples que ses créances elles-mêmes. C'est la seule solution conforme à la logique, l'accessoire ne peut exister sans le principal, la garantie sans un droit dont elle assure la conservation.

La femme a hypothèque pour sa dot du jour du mariage ; peu importe que le constituant ait pris des termes pour le payement, la date n'en sera pas changée pour cela ; si le mari ne reçoit pas immédiatement le montant de la dot, il s'est obligé dès le jour du mariage à en devenir comptable à l'époque de l'exigibilité, et cela suffit pour donner naissance à cette garantie. Il doit en être de même si la dot est conditionnelle, car la condition a un effet rétroactif au jour où l'engagement s'est formé. Pour qu'il en soit ainsi, il faut que la dot soit telle qu'elle rende le mari débiteur et la femme créancière, car l'hypothèque ne peut jamais être considérée que comme l'accessoire d'une créance ; si donc le mari n'a point reçu la dot et n'est point en faute, la garantie ne pourra exister.

Comment la femme devra-t-elle établir sa libération ? Si le contrat constate le payement de la dot fait au mari, pas de difficulté. Si au contraire la réception a eu lieu au cours du mariage, quelle preuve sera-t-elle tenue de fournir ? L'ancien droit voulait que la quittance donnée par le mari fût relatée dans un acte notarié pour être opposable aux tiers. Après une lutte fort longue, les partisans d'un droit moins rigoureux pour les femmes réussirent à faire admettre que la quittance sous seing privé était suffisante pour justifier le payement, et il semble qu'ils avaient la bonne cause ; la situation exceptionnelle de la femme vis-à-vis du mari méritait cette faveur. Aujourd'hui il faut aller plus loin encore. Si le mari refuse non-seulement de se rendre chez le notaire, mais encore de consentir une simple quittance sous signature privée, le droit de la femme ne peut être modifié par la résistance de ce dernier ; elle est dans l'impossibilité de se procurer une preuve littérale de sa libération envers son mari ; nous devons donc, en vertu de l'article 1348, lui permettre de recourir à la preuve testimoniale.

Mais cette preuve pourra-t-elle être employée pour faire tomber l'énonciation même de l'acte souscrit par le mari, si celui-ci prétend, qu'ayant fait une déclaration contraire à la vérité, l'hypothèque légale doit être restreinte ?

Cette question ne peut être résolue qu'en distinguant le cas où la quittance de dot a été donnée par contrat de mariage, et celui où elle résulte d'un acte postérieur.

Si la quittance était contenue dans le contrat de mariage, il ne le pourra pas ; sur quel motif, en effet, se baserait-il ? Viendrait-il dire que c'est par pure libéralité envers sa femme, pour lui faire une donation déguisée qu'il a reconnu avoir reçu d'elle une dot sans qu'elle lui eût jamais été payée ? On ne l'écouterait pas ; les donations que les époux se font par leur contrat de mariage sont irrévocables, et une donation qui est irrévocable de sa nature ne peut cesser de l'être par la circonstance qu'elle est déguisée sous les couleurs d'une quittance.

Viendrait-il alléguer que c'est en fraude de ses créanciers qu'il a souscrit cette reconnaissance ? Tout le monde sait qu'on n'est pas fondé à venir invoquer son dol et sa fraude pour faire tomber un acte qui a toutes les apparences de la validité : *nemo auditur propriam turpitudinem allegans.*

Au second cas, le mari ne serait pas sans doute plus recevable que dans le premier à soutenir que c'est en fraude de ses créanciers qu'il a souscrit une fausse quittance ; mais il pourrait prouver qu'il a voulu faire une libéralité à sa femme. En effet, la révocabilité des donations faites entre époux pendant le mariage est consacrée d'une manière formelle par l'art. 1096 du Code Napoléon ; les époux ne peuvent jamais se priver de la faculté de révoquer les libéralités qu'ils se font pendant le mariage ; qu'elles soient déguisées ou faites ouvertement, la règle doit être la même ; et si l'on admet ces principes qui ne sauraient être contestés, il faut bien admettre que le mari peut prouver qu'il a caché sous l'apparence d'une quittance une disposition à titre gratuit. Il a le droit de faire cette preuve et l'honnêteté lui impose le devoir de rétablir la vérité ; en effet, si la simulation subsistait, il en résulterait en faveur de la femme une hypothèque légale sur tous les biens dont il est saisi au moment de la célébration du mariage, même sur ceux qu'il aurait pu acquérir depuis et sur ceux qui lui adviendraient dans la suite ; non-seulement

ce serait pour lui une charge dont il lui importe beaucoup de se débarrasser, mais il se rendrait coupable
de déloyauté envers ses créanciers s'il n'employait pas
tous les moyens qui dépendent de lui pour la faire
disparaître.

Ces expressions de dot et conventions matrimoniales sont très-vastes, on le voit, et cependant leur
généralité n'avait pas empêché une difficulté de se
produire sur la question de savoir si la femme avait
une hypothèque légale pour ses biens extra-dotaux;
la Cour de cassation disait oui avec raison et elle a
fini par l'emporter. La loi *Si mulier* (L. 30, C. *de jure
dot.*) déclarait munies de cette sûreté les sommes
extra-dotales que recevait le mari à compter du jour
de la réception; cette décision, admise dans l'ancien
droit, a été confirmée par la loi de brumaire; celle-ci
exigea seulement, et c'était une conséquence du
système de publicité qu'elle consacrait, que la femme, pour jouir de l'hypothèque garantissant cette
créance, se fît inscrire comme elle devait le faire pour
toutes les autres. Enfin l'article 2121 du Code Napoléon
accorde à la femme une hypothèque légale pour tous
ses droits, au nombre desquels se trouvent les
créances paraphernales.

Telle est la première sorte de créance pour laquelle
la femme a hypothèque; mais quelle en sera la date?
prendra-t-elle rang du jour du contrat de mariage
ou du jour du mariage seulement?

Dans l'ancienne législation, l'usage voulait qu'elle
commençât à courir du jour du contrat, au moins
pour les créances qui naissent à son profit dès cette

époque contre son mari; ce n'était qu'à défaut de contrat qu'elle courait du jour de la célébration ; on justifiait cette décision en disant qu'on peut hypothéquer ses biens non-seulement pour les engagements qui produisent des effets présents et certains, mais encore pour ceux dont l'existence dépend d'une condition ou d'un événement qui pourrait ne pas arriver : telle serait l'obligation naissant du contrat de mariage, obligation contenant la condition tacite que s'il est suivi de la célébration devant l'officier de l'état-civil, l'hypothèque sera acquise dès le jour où les arrangements pécuniaires intervenus entre les époux ont été constatés par acte notarié. Ce système donnait ouverture à de graves abus; si, en effet, le mari s'oblige par emprunt sur hypothèque ou vente dans l'intervalle qui sépare le contrat de mariage du mariage proprement dit, la femme viendra, en vertu de ce contrat postérieur, primer les créanciers de celui-ci, victimes d'une indélicatesse de sa part ou même d'une fraude pratiquée de concert entre lui et sa femme ou la famille de cette dernière.

Les coutumes combattirent cet usage, et si elles n'assignèrent pas d'une façon certaine comme date à l'hypothèque le jour de la célébration du mariage, elles essayèrent au moins de prévenir les abus qui pouvaient naître de la rétroactivité.

Les articles 2194 et 2193 du Code Napoléon pourraient donner lieu de douter sur ce point; nous y lisons, en effet, que l'inscription opérée au profit de la femme dans le cours de l'exposition (faite pendant deux mois dans l'auditoire du tribunal) du contrat d'aliénation de l'immeuble affecté à l'hypothèque légale, a le même effet que si elle avait été prise le jour du contrat de mariage, et immédiatement après, que si les inscriptions du chef des femmes sont les plus anciennes, l'acquéreur ne pourra faire aucun payement du prix au préjudice des inscriptions qui auront toujours la date du contrat. Cependant l'opinion contraire doit être admise sans difficulté.

Il est vrai que l'hypothèque légale datait toujours, sous le droit romain, du jour de la constitution de dot; mais ce principe était tombé en désuétude, et l'on pourrait dire que pour l'admettre, il faudrait une disposition spéciale de la loi qui vint déroger à cette désuétude dégénérée en coutume. L'ordre numérique des articles ne saurait être invoqué; le législateur, dans les articles 2104 et 2105, n'a pas voulu abroger l'article 2135, texte formel et d'autant plus concluant qu'il a pour but de préciser la date de l'hypothèque, tandis que les textes opposés sont relatifs à une toute autre matière. Ces derniers articles doivent d'autant moins nous inspirer de confiance qu'ils sont inexacts, ils semblent ne donner qu'une date unique à l'hypothèque de la femme, au lieu de dates multiples; de plus, l'article 2135 n'est pas un texte isolé, il est fortifié par l'article 2121, qui parle de la femme mariée : celle qui a fait seulement un contrat n'est pas mariée; et s'il y avait contradiction entre ces textes, il serait préférable de s'en tenir aux premiers, comme plus conformes à la volonté probable du législateur; mais cette contradiction n'existe même pas; les mots : contrat de mariage, écrits dans les articles 2194 et 2193, ont été employés sans doute par le législateur pour désigner l'acte de célébration devant l'officier de l'état-civil et non l'acte notarié anténuptial, ils ont été pris dans cette acception à l'exemple de Pothier, qui intitule un traité consacré exclusivement au mariage lui-même et non aux intérêts pécuniaires des époux : *Du contrat de mariage.*

Enfin, si tous ces motifs ne suffisent pas, il en est un encore tiré de la raison qui a dû dicter la décision que nous soutenons : le fait du mariage est public, tandis que celui de la rédaction du contrat ne l'est pas ; l'hypothèque, datant du contrat, exposerait les tiers à de grands dangers ; datant du mariage, elle respecte tous les intérêts ; notre législateur, si disposé à sauvegarder les droits de tous, n'a pu hésiter entre ces deux partis.

La femme jouit de la même garantie pour assurer le payement des créances naissant à son profit des donations et des successions à elle échues pendant le mariage. Pour les donations, l'hypothèque ne datera que du jour où elles auront eu leur effet, c'est-à-dire du jour de l'acceptation ou de la notification si elle doit avoir lieu, au cas d'une donation entre-vifs pure et simple, ou du jour de l'événement de la condition si elle a été faite sous condition suspensive ; jusqu'à cette époque, il n'y a point de donation, mais seulement un espoir de donation. Le mot donation comprend ici les libéralités testamentaires comme celles entre-vifs, mais dans ce cas, l'hypothèque ne datera que du jour du décès du testateur, c'est de ce mo-

ment seulement, en effet, que le legs produit son
effet lorsqu'il est pur et simple. Est-il à terme certain,
la solution est la même, parce qu'il est ouvert et par
conséquent acquis dès le moment de l'ouverture de la
succession du *de cujus*; le terme ne suspend point
l'acquisition du droit du légataire, et si ce dernier
décède avant l'échéance du terme, le legs, comme
tous les droits acquis, passe à ses héritiers. Mais si
un terme incertain ou une condition a été apposé à
la libéralité, le légataire devant pour l'acquérir survivre même à l'événement du terme ou de la condition, le droit de créance s'ouvre seulement à cette
dernière époque, l'hypothèque doit donc avoir la
même date. Le point de départ serait le même pour
la donation acceptée avec autorisation de justice; malgré son refus, le mari n'est pas moins obligé d'administrer les biens compris dans ces libéralités, et cette
obligation le rend susceptible d'un compte qui exige
la garantie de l'hypothèque.

Pour les successions on ne saurait fixer une autre
date que celle de l'ouverture de chacune d'elles; car
c'est à titre d'héritière que la femme est créancière
et non directement en vertu de son contrat de mariage.

Il n'en était pas ainsi sous notre ancien droit : l'hypothèque, dans ce cas comme dans tous les autres,
remontait au jour de la célébration du mariage, on
considérait les donations et les successions comme
une portion de la dot et on leur accordait les mêmes
prérogatives : le Code n'a pas admis ce raisonnement
fondé sur une fiction aussi contraire à la vérité, il n'a

pas voulu que la femme eût une garantie pour une créance qui n'existera peut-être jamais.

Enfin, d'après notre article, la femme a encore hypothèque pour l'indemnité des dettes qu'elle a contractées avec son mari et pour le remploi de ses propres aliénés.

La femme qui s'engage avec son mari le fait le plus souvent dans l'espoir de maintenir ou de rétablir la bonne harmonie du ménage ; la loi lui devait une protection spéciale, aussi a-t-elle décidé que, quoique engagée conjointement et solidairement avec celui-ci, elle n'est réputée que sa caution (art. 1431) ; si donc elle est poursuivie par le créancier, elle a un recours contre son mari ; mais à la différence de l'ancien droit, l'hypothèque prend rang du jour de l'obligation et non du jour du payement seulement, car à partir de la première époque est né pour elle le droit d'être indemnisée, et tout droit de la femme doit être, dès le moment de sa naissance, garanti par l'hypothèque.

La même garantie se produit au profit de la femme pour le remploi de ses propres aliénés : lorsque le mari vend un immeuble de cette nature, la loi lui impose une obligation morale sous le régime de la communauté, et un devoir sous le régime dotal d'en employer le prix à acquérir un autre bien qui prend la place du propre aliéné ; tel est le remploi pour lequel la femme a obtenu une sauvegarde ; sous l'ancien droit, la date variait avec les coutumes, celles de Paris et du Poitou lui assignaient rang à compter du jour du mariage ; les coutumes de Bretagne et de Normandie lui donnaient pour point de départ le jour de l'aliénation :

le Code Napoléon a adopté cette dernière décision, pour les motifs que nous avons indiqués plus haut en parlant des successions et donations soumises aux mêmes règles de droit. Si le prix n'a pas été payé comptant, la date sera la même, car l'obligation pour le mari de recevoir et de rendre compte date de l'instant même du contrat.

Notre article 2135, en parlant de biens propres, emploie une expression particulière au régime de la communauté, mais il faut même l'appliquer au régime dotal, car les articles 2121, 2140, 2144, 2104 et 2135 emploient les expressions : droits, reprises et conventions matrimoniales, sans distinguer entre les différents régimes adoptés par les époux.

Nous terminons ici l'examen des cas que l'on peut faire rentrer ou que l'on a tenté de faire rentrer dans les termes de l'article 2135 ; l'énumération comprise dans ce texte, comme nous l'avons fait remarquer, est loin d'être complète, et nous devons nous efforcer de combler les lacunes existant en cette matière.

La femme a encore une hypothèque :

1º Pour la récompense qui lui est due, lorsque le mari a dégradé ou détérioré son bien propre ; ce droit naît pour elle du jour de la dégradation ou de la détérioration.

2º Pour le compte d'administration que son mari peut lui devoir. Mais pour savoir la date à assigner à cette dernière créance, il faut distinguer si le mari a reçu de sa femme mandat d'administrer par contrat de mariage même, si ce mandat ne s'est produit que postérieurement ou s'il a administré mal-

gré l'opposition de celle-ci. Dans les deux premiers
cas, l'hypothèque n'a qu'une seule et même date,
elle prend rang du jour du mariage ou du jour où le
mari a reçu ses pouvoirs ; dans le troisième cas, elle
a autant de dates qu'il y a eu d'opérations différentes
constituant le mari débiteur et la femme créancière.
Cette solution a son application sous le régime exclusif
de communauté modifié par convention, sous le régime de séparation de biens et même sous le régime
dotal.

Ce dernier régime a donné lieu à une question
plus délicate, celle de savoir quelle est la position
faite à la femme vis-à-vis du mari au cas d'aliénation
des immeubles dotaux ; a-t-elle droit d'option entre
une action en révocation contre le tiers acquéreur et
entre une action en dommages et intérêts protégée
par hypothèque légale contre le mari ? Ces deux
actions se cumulent-elles ? Des auteurs ont soutenu
que cette femme, pouvant revendiquer son immeuble,
se trouvait par là mise à l'abri de tout danger, que
l'article 2138 était écrit seulement pour celle dont les
biens n'étaient pas frappés d'inaliénabilité ; cette
opinion semble aujourd'hui à peu près complétement
abandonnée, et avec raison ; en effet, l'intérêt de la
femme à user de son action hypothécaire, au cas de
vente de son immeuble dotal, est évident toutes les
fois que l'acquéreur a diminué la valeur de ce bien en
le dégradant et en le détériorant ; ainsi cette première règle de droit, que l'intérêt est la mesure des
actions, n'est pas violée ; et, si la femme a intérêt à
faire cette option, elle en a également le droit ; il est

un principe d'interprétation fondamental dont il faut faire ici l'application : le bénéfice spécial ne fait pas perdre le bénéfice général ; le premier est celui qui résulte de l'inaliénabilité et de ses conséquences, le second est l'hypothèque.

Cette première question résolue, il s'en présente une seconde dans le même ordre d'idées ; voici l'hypothèse : lorsqu'une femme est mariée sous le régime dotal et que son mari vient à aliéner sa dot immobilière, peut-elle au cours du mariage, qu'il y ait eu séparation ou non, laisser dormir la faculté qui lui est accordée par l'article 1560 d'obtenir la révocation de l'aliénation de ses immeubles dotaux et se faire colloquer sur le prix des immeubles de son mari, vendus à la requête des créanciers de ce dernier, jusqu'à concurrence de la valeur de ses biens ainsi aliénés ?

Un premier système enseigne que la femme dotale, pendant le mariage, doit exercer son action en revendication et point d'autre ; que décider autrement serait porter atteinte à l'inaliénabilité de la dot, permettre de substituer une dot mobilière à une dot immobilière et exposer la femme aux chances de perte qui résultent de cette conversion ; l'opinion contraire, ajoute-t-on, n'est pas seulement fatale pour la femme que son inexpérience expose à de grands périls, elle est aussi préjudiciable pour les tiers qui, sachant la nature des biens composant la dot, n'ont pas dû craindre, en traitant avec le mari, qu'elle eût à exercer un recours sur les biens de ce dernier, et ils se voient cependant primés contre toute attente

par la femme lorsqu'elle exerce son action hypothécaire sur les biens de son mari.

Le second système, qui est le nôtre, s'appuie sur
le droit romain. A Rome, où la séparation de biens
était inconnue, l'on avait imaginé avant Justinien un
moyen pour la femme de réclamer sa dot avant la
dissolution du mariage ; mais pour ne point entrer
en lutte ouverte avec le pouvoir du mari sur la dot,
Justinien, dans la loi 30 au Code *de jure dotium*,
nous apprend que sur la supposition de divorce on
accordait à la femme une *actio utilis quasi facto divor-
tio*. Cette faculté accordée à la femme, *propter inopiam mariti*, est également mentionnée au Digeste
(L. 24, *princ. soluto matrimonio*).

L'organisation de ce droit de répétition de la dot,
accordé à la femme, est contenue dans la loi 20 au
Code *de jure dotium*, elle a pour but d'obvier à l'insolvabilité du mari et à l'inexpérience de la femme.

Dans ce texte, il ne s'agit que de l'hypothèque
conventionnelle que la femme devait stipuler, car
l'hypothèque légale ne lui fut accordée que plus tard
et d'abord seulement sur les biens dotaux ; la femme
ne peut que se faire envoyer en possession des biens
qui lui ont été hypothéqués et en employer les reve-
nus à son entretien et à celui de sa famille. Justinien
ne voulait pas que la femme reçût des deniers dont la
dépense eût été facile, il croyait ses droits mieux
assurés avec des biens immobiliers produisant des
fruits. Plus tard, lorsque l'hypothèque légale tacite
fut établie, l'effet de l'hypothèque conventionnelle
de la loi 20 lui fut appliqué. Lors même que la fem-

me n'eût possédé qu'une dot mobilière, elle n'aurait
pu se la faire payer en argent. Cette collocation
n'était jamais que provisoire et ne consacrait pas
l'aliénation de la dot; la femme conservait toujours
le droit de faire révoquer l'aliénation, et la collocation n'était qu'une garantie de plus pour mettre à
couvert ses droits, comme, par exemple, si le fonds
dotal avait été dégradé. Ce système était également
celui de notre ancien droit.

Il nous reste à examiner maintenant les principes
du Code sur la matière.

Le fonds dotal est inaliénable, comme en droit
romain, et la femme jouit d'une hypothèque tacite et
générale sur les biens de son mari. Il semble donc
qu'en France, comme à Rome, si la dot est aliénée
par le mari, la femme peut, dans le cas où ses intérêts le lui conseillent, prendre la voie hypothécaire
pour s'assurer qu'elle ne sera pas en perte. Ce droit
lui est reconnu par l'article 2108, qui défend à
l'acquéreur d'un bien du mari de faire aucun payement au préjudice de l'inscription prise par la femme
s'il n'y a purge et sans distinguer entre le régime
dotal et le régime de la communauté.

On objecte dans l'opinion contraire que les créanciers du mari seront trompés par ce recours de la
femme. Nous répondrons : ils devaient s'y attendre
et prendre leurs précautions, sachant que la femme,
à la dissolution du mariage, aurait le choix entre
l'action en revendication de son immeuble dotal aliéné
ou l'exercice de son hypothèque légale pour en obtenir le prix. Pourquoi n'auraient-ils pas dû prévoir le

cas où la femme demanderait sa collocation durant le mariage?

Le fonds de la thèse que nous combattons repose en entier sur cette idée que la faculté accordée à la femme de venir à l'ordre contient une aliénation de sa dot. Mais cette idée elle-même n'est pas exacte, car la collocation de la femme n'est pas définitive durant le mariage; à sa dissolution elle peut toujours y renoncer pour revendiquer l'immeuble dotal aliéné.

Lorsque femme est libre et qu'elle opte pour la collocation, droit de faire révoquer la vente du fonds dotal est éteint; mais si elle renonce au bénéfice de son hypothèque pour exercer l'action révocatoire, les créanciers du mari viennent prendre sa place dans la collocation.

Dans les ordres où pareille difficulté se présente, on colloque conditionnellement les créanciers postérieurs à la femme qui sont en rang utile, on charge l'acquéreur des biens du mari de conserver la collocation entre ses mains jusqu'à la dissolution du mariage, à charge d'en payer les intérêts à celle-ci, et on réserve à cette dernière ses droits contre les tiers acquéreurs des biens dotaux pour agir contre eux, si bon lui semble, à la dissolution du mariage, en ordonnant, si ce cas arrive, que les sommes qui lui ont été allouées seront acquises aux créanciers du mari utilement colloqués.

TROISIÈME PARTIE.

SUR QUELS BIENS FRAPPE L'HYPOTHÈQUE LÉGALE DE LA FEMME.

Notre régime hypothécaire repose tout entier sur ces deux grands principes: spécialité et publicité : ils reçoivent tous les deux application au cas d'hypothèques conventionnelles, il n'est pas permis à un débiteur d'affecter la généralité de ses biens à la sûreté d'une dette, il n'est pas possible au créancier de se prévaloir de la garantie qui lui a été consentie tant qu'elle n'a pas été publiée. Ces deux principes cessent d'être applicables lorsqu'il s'agit de l'hypothèque légale de la femme, elle est tacite, ne peut pas porter plutôt sur un bien que sur un autre, mais atteint tous les immeubles à la fois sauf restrictions.

L'hypothèque légale de la femme mariée est donc générale et s'étend sur tous les biens présents et à venir du mari ; la disposition de l'article 2122 est aussi étendue que possible, et cependant une restriction a été proposée.

Il s'est produit une diversité d'opinions sur la question de savoir si cette hypothèque frappera les immeubles acquis par le mari postérieurement à la dissolution du mariage. On a essayé d'attribuer uniquement à l'existence de la qualité de mari l'origine de ce droit, mais une semblable opinion ne saurait être soutenue devant les termes mêmes de l'article 2122 qui comprend l'ensemble des biens du mari sans distinguer entre aucuns d'eux; on ne saurait supprimer la garantie tout en maintenant l'existence de la créance qui ne peut être contestée; et la loi, loin de limiter ce droit aux immeubles actuels du mari ou à ceux qui pourront lui appartenir par la suite, déclare d'une manière générale que celui qui a une hypothèque légale peut l'exercer sur tous les biens appartenant à son débiteur; ne voit-on pas d'ailleurs tous les jours, dans la pratique, un homme veuf qualifié du titre de mari?

La solution serait-elle la même relativement aux immeubles des héritiers du mari pour le cas où il viendrait à mourir dans l'année du décès de sa femme? Assurément non; car ils n'ont jamais été vis-à-vis de la femme dans les relations qui motivent la création de cette garantie.

Tous les biens du mari et du mari seulement sont donc grevés de cette hypothèque; l'application de cette règle est facile lorsque les époux en se mariant ont adopté la séparation de biens, l'exclusion de communauté ou le régime dotal, sous lesquels chacun a des biens personnels, distincts et nettement séparés. Si, au contraire, ils ont adopté la communauté légale ou la communauté conventionnelle, une grave question va surgir : nous ne nous occuperons pas des biens propres des époux, ce serait reproduire sous une autre forme ce que nous venons de dire; mais nous voulons parler des conquêts de communauté, de ces immeubles acquis au cours du mariage et qui entrent dans l'actif de la société.

Quel sera le sort de cette catégorie de biens? Seront-ils atteints par l'hypothèque légale de la femme, ou bien au contraire en seront-ils affranchis ?

Pour traiter cette question avec ordre et méthode nous distinguerons plusieurs hypothèses que nous étudierons séparément.

Et d'abord supposons que ces immeubles n'ont été ni vendus ni hypothéqués, en un mot, qu'ils sont restés libres dans la société. Au moment de la dissolution du mariage la femme peut accepter la communauté ou la répudier; si elle y renonce, son hypothèque frappe la totalité des immeubles qui sont devenus biens du mari et comme tels soumis à la prescription contenue dans l'article 2121 ; si elle accepte, au contraire, la solution sera la même, mais limitativement aux acquêts immobiliers ou à la portion de ces biens qui ont été mis au lot du mari, c'est une conséquence de l'effet déclaratif du partage consacré par l'art. 883.

La seconde hypothèse est plus difficile : c'est celle où le mari a aliéné ou hypothéqué les conquêts.

Si la femme accepte la communauté, tout le monde admet qu'elle n'a aucun droit d'hypothèque sur les conquêts: cette décision découle tout entière de la nature des pouvoirs accordés au mari sur les biens communs. Le pouvoir d'administrer se borne ordinairement à conserver les biens et à les faire fructifier ; sous le régime de la communauté, ce droit du mari est si étendu qu'il peut presque être assimilé au pouvoir d'un propriétaire. Vis-à-vis des tiers, le mari peut agir comme il l'entend sans avoir à justifier de sa conduite à personne; il suffit qu'il ne fasse pas une do-

nation telle qu'elle a été prévue par l'article 1422 ;
veut-il vendre, échanger, aliéner, hypothéquer un
bien de la communauté, il le peut sans le consentement de sa femme et même malgré elle. Sa liberté
d'action vis-à-vis d'elle n'a de limite que dans les restrictions apportées par le législateur, il n'a aucun
compte à lui rendre ; si elle veut obtenir une indemnité à raison de ses actes, ou en faire prononcer la
nullité, elle ne réussira qu'en prouvant qu'il a mé-
connu la prohibition de la loi ; lorsqu'il dispose seul
des biens de la communauté, il est censé agir en
qualité de chef de l'association, il est présumé contracter tant pour lui que pour sa femme, et quoique
celle-ci ne soit point présente au contrat ni même
nommée, elle est engagée par l'organe de son mari,
à moins qu'elle n'use du bénéfice que la loi lui donne,
du droit de renoncer. Mais si elle accepte, elle vient
approuver et ratifier tous les faits du mari et ne peut
se prévaloir de son hypothèque, elle restreindrait les
droits des tiers qu'elle doit respecter comme leur
obligée.

Si la femme renonce, quelle sera la solution ? Ici
les opinions se séparent : les uns lui conservent son
hypothèque légale sur tous les immeubles, tandis
que les autres la lui refusent absolument, et cette
dernière solution semble la seule qui puisse être admise. Parcourons les motifs donnés par ceux qui la
lui accordent, et en les réfutant notre décision se
trouvera naturellement justifiée.

Aux termes des articles 2121 et 2122 du Code Napoléon, disent les partisans du premier système, l'hy-

pothèque légale de la femme frappe sur tous les biens
présents et à venir du mari ; au nombre de ces biens
se trouvent les conquêts dont la moitié appartient dès maintenant au mari et dont l'autre moitié
peut lui appartenir éventuellement si la femme n'accepte point la communauté ; en cas de renonciation
ils sont donc légalement affectés en garantie à la
femme puisque aucun texte de la loi n'excepte de
cette affectation les conquêts aliénés par le mari pendant la communauté. Il est vrai que le mari peut vendre cette espèce de biens sans le consentement de sa
femme. Mais de cette faculté, il ne faut pas conclure
que la femme perde tout droit d'hypothèque sur ceux
aliénés avant sa dissolution, à moins que les acquéreurs n'aient rempli les formalités de la purge. En
effet, l'article 1453 accorde à la femme la faculté de
renoncer à la communauté si mieux elle n'aime l'accepter ; et comment expliquer ce texte, si ce n'est en
ce sens que le droit de celle-ci sur les biens de la communauté est subordonné à la condition résolutoire de
son acceptation ; si la femme renonce, la communauté
est censée n'avoir jamais existé, et le mari, par l'événement de cette condition, est considéré comme ayant
toujours été le seul propriétaire de ces biens. Tous
ses actes lui demeurent essentiellement propres; en
aliénant ces biens qui lui ont toujours appartenu, il
n'a pu, de même que pour ses autres immeubles, ni
les grever d'aucun droit ni en transférer la propriété
à des tiers, sans réserver le droit d'hypothèque de la
femme.

Qu'on ne dise pas qu'accorder cette garantie à la

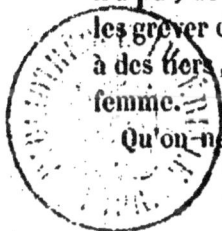

femme, c'est gêner le mari et entraver des opérations qui doivent être libres. Le mari est bien un gérant de la société, mais un gérant tenant ses pouvoirs de la loi qui a pu lui ordonner ce qu'elle a voulu et subordonner, par exemple, la validité de ses actes d'aliénation, en ce qui concerne les conquêts, à la faculté pour la femme de renoncer à la communauté.

Tout ce système se fonde sur ce principe : que par l'effet de la renonciation de la femme la communauté est censée n'avoir jamais existé. Cette fiction est bien imaginée, mais elle est toute de fantaisie, et ne peut nullement se concilier avec le pouvoir du mari que nous avons invoqué à l'appui de notre première solution; nous pensons donc que, même au cas de renonciation, la femme n'a point d'hypothèque, et cette opinion nous semble d'autant mieux fondée, qu'a lieu de s'appuyer sur de pures hypothèses com e l'autre système, elle se fonde sur l'organisation de la communauté.

Comment soutenir que la communauté n'a jamais existé sans s'armer d'un texte formel; si le législateur avait voulu consacrer une solution aussi contraire à la réalité des faits, il n'eût pas manqué, assurément, de s'en expliquer. Il ne l'a point fait dans l'article 1453. Le mari, nous l'avons vu, a un pouvoir fort étendu sur l'actif de la communauté; or, que deviendrait cette liberté d'action à laquelle la loi n'a mis que des bornes déterminées, s'il était permis à la femme de venir, au moyen de son hypothèque, placer au-devant de tous les actes d'administration d'aliénation du mari pour les contrôler et les ané-

antir ? Comment, la loi, immédiatement après avoir
accordé au mari cette large administration, lui opposerait un obstacle insurmontable, et lui retirerait
d'une main ce qu'elle vient de lui donner de l'autre !
On ne peut assurément taxer le législateur d'une inconséquence aussi grave et aussi insidieuse. S'il en
est ainsi, la femme peut seule s'adresser des repro-
ches; pourquoi n'a-t-elle pas adopté un autre régime
au lieu de se soumettre à celui de la communauté ?
Elle devait en peser tous les inconvénients.

Mais soutient-on que la communauté n'a jamais
existé : pure fiction sans point d'appui : la femme en
renonçant abandonne tous ses droits sur la communauté, et n'emporte que ses propres qui n'en ont jamais fait partie, elle se retire de la société conjugale,
voilà tout; et, de ce qu'elle veut y rester étrangère, on
ne saurait conclure que la communauté n'a jamais
existé.

Du raisonnement qui précède, il suit que l'hypothèque légale de la femme ne frappe pas les conquêts
pendant la durée du mariage, la solution contraire
serait incompatible avec l'indépendance du mari administrateur de la communauté *cum libera potestate*;
mais elle devrait prendre rang du jour où elle a re-
noncé, sur tous ceux de ces biens qui restent entre
les mains du mari, de ce jour il est propriétaire;
jusque-là, la communauté personne morale avait ce
droit.

L'observation qui précède doit nous servir à résoudre la question suivante :

Si le mari est ou devient membre d'une société de

commerce, la femme a-t-elle une hypothèque légale sur les immeubles de la société ? Évidemment non, tant que celle-ci subsiste ; chacun des associés n'a qu'une simple expectative, et comme il ne peut ni aliéner ni hypothéquer ces biens, la femme n'a pu acquérir aucun droit sur eux ; ils appartiennent à la raison sociale. Mais une fois cette société dissoute et la liquidation effectuée, la partie de ces biens attribuée au mari est censée lui appartenir, par suite de l'effet déclaratif du partage dès l'époque de sa dissolution, et de ce jour l'hypothèque de la femme les atteindra.

Le droit de la femme s'étend-t-il, dans le cas d'échange, aux deux immeubles qui font l'objet du contrat ? Plusieurs de nos anciens auteurs admettaient une substitution de garantie qui avait pour effet de libérer l'immeuble cédé et de transporter les charges dont il était grevé sur l'immeuble acquis en contre-échange. Pour justifier leur système, ils alléguaient que cette augmentation de garantie était contraire à l'intention des parties, ils invoquaient en outre l'équité, en disant qu'il était contraire à la justice d'accroître ainsi la sûreté de la femme au cours du mariage. Aujourd'hui, une pareille décision ne saurait être admise, elle est trop contraire avec nos principes en matière d'hypothèque ; pour l'immeuble cédé, le droit de la femme, comme toutes les autres charges, le suit entre les mains du nouveau propriétaire qui doit les subir ; c'était à ce dernier d'exiger l'intervention de la femme pour obtenir d'elle une renonciation en sa faveur. Quant aux biens acquis en contre-échange ils sont grevés de la sûreté accordée à la femme comme tout immeuble qui entre dans le patrimoine du mari.

Jusqu'ici nous nous sommes occupé de l'hypothè-que telle qu'elle se produit le plus ordinairement, c'est-à-dire sur les biens du mari seuls. Une question s'offre naturellement à l'esprit : le droit de la femme ne peut-il pas porter sur des immeubles dont la pro-priété appartient à des tiers ? Les principes du droit commun enseignent que le propriétaire seul peut hypothéquer et affecter un de ses immeubles à la sû-reté de la dette d'un tiers; tous les droits qu'il a cons-titués s'anéantissent comme le sien: *Nemo plus juris ad alium transferre potest quam ipse habet;* si donc la pro-priété du mari s'anéantit, l'hypothèque disparaît éga-lement. Cependant une double exception a été écrite dans la loi en faveur de la femme par les articles 952 et 1054 du Code Napoléon, l'un relatif au retour con-ventionnel, l'autre a la substitution.

L'article 952 déclare que l'effet du droit de retour est de résoudre toutes les aliénations des biens don-nés et de les faire revenir au donateur francs et quittes de toutes charges et hypothèques. Si le texte s'en était tenu à cette énonciation, il n'offrirait aucun intérêt au point de vue de notre matière, il serait même inu-tile dans le Code, puisqu'il énoncerait simplement un résultat indiqué au titre général de l'effet des obliga-tions (article 1183, C. N.). Mais dans sa seconde partie il constate une dérogation au droit commun en faveur de la femme; l'hypothèque légale de celle-ci conti-nue de grever les immeubles soumis au retour pour sa dot et ses conventions matrimoniales.

7

Deux conditions doivent se trouver réunies pour
que cette exception se produise.

Il faut premièrement que la donation ait lieu par le
contrat d'où résultent les droits et hypothèque de la
femme; autrement on ne pourrait point dire que la
donation a été faite en faveur du mariage.

En second lieu elle ne peut avoir lieu que d'une
manière subsidiaire, si les biens de l'époux donataire
ne suffisent pas, dit la loi; il y aura donc une discussion à faire de la fortune du mari. Il eût été contraire
à la justice de laisser à la femme la faculté de négliger
la garantie qui lui est offerte par son mari, pour pré-
férer celle des immeubles donnés qui en définitive ne
peuvent et ne doivent venir qu'en dernier lieu.

Cette exception est fondée sur une présomption de
volonté de la part du donateur; celui qui se dépouille
en faveur du mariage a dû ne vouloir reprendre ses
biens qu'après avoir assuré à la femme le payement
de tout ce qui lui serait dû par le mari; cette dernière
et les siens ont dû compter sur eux pour garantir la
dot et les conventions matrimoniales, malgré la stipulation du droit de retour; on ne doit donc pas tromper
leur attente.

Mais comme cette dérogation est simplement basée
sur l'intention présumée du donateur, celui-ci peut
en empêcher l'application en déclarant qu'il entend
exercer son droit de résolution même vis-à-vis de la
femme, et s'il peut restreindre l'article 952, annuler
sa dernière disposition, il peut aussi l'étendre et dire
que ces biens donnés seront affectés aux créances de

la femme quelles qu'elles soient et dans toute leur
étendue.

Il ne peut être question ni de résolution ni d'exception à ce principe dans le cas du retour légal de l'article 747 ; il s'agit alors d'un droit de succession, et
le donateur ne peut reprendre les biens qu'avec toutes
les charges dont ils sont grevés, sans avoir à distinguer entre les hypothèques légales et celles conventionnelles ou judiciaires.

La femme du grevé de substitution jouit aussi d'une
hypothèque sur des immeubles que son mari est tenu
de restituer. Mais ici le point de départ n'est
plus le même, et cette première différence en amène
de nombreuses entre les deux cas. D'après l'article
952, le recours subsidiaire a lieu de plein droit, sans
stipulation, tant pour la dot que pour les conventions matrimoniales, il faut même une déclaration
formelle pour qu'il en soit autrement. Dans le cas de
substitution, au contraire, le recours est bien également subsidiaire, mais n'a lieu que lorsque le testateur a exprimé sa volonté formelle à cet égard et seulement pour le capital de la dot. Ce recours a une
portée bien moins vaste que dans notre ancien droit ;
en effet, d'après le titre premier de l'ordonnance d'août
1747, il avait lieu tant pour le fonds ou le capital de
la dot que pour les fruits ou intérêts qui en étaient
dus et même pour l'augment de dot.

L'article 1054 ne parle que du testateur, devrons-
nous en conclure que sa disposition est écrite seulement pour le cas de disposition testamentaire ? Assurément non : nous devons appliquer cet axiome si

connu et si indispensable en matière d'interprétation
de la loi : *incivile est, nisi tota lege perspecta, judicare ;*
l'article 1048 nous apprend que les biens dont les
père et mère ont la faculté de disposer peuvent être
donnés, en tout ou en partie, à un ou plusieurs de
leurs enfants, par acte entre-vifs ou testamentaire,
avec la charge de rendre ces biens aux enfants nés et
à naître au premier degré seulement. La substitution
peut avoir lieu par l'une ou l'autre de ces formes, elle
doit être dans les deux cas soumise aux mêmes restrictions et aux mêmes modalités.

En outre du retour conventionnel et de la substitution, le mari peut avoir acquis des immeubles par
simple acte entre-vifs, soit par contrat de mariage,
soit au cours de l'union ; ces biens se trouvent frappés
par le droit de la femme ; mais par suite de considérations dont nous n'avons point à nous occuper ici,
le législateur a admis certaines causes de révocations
dont nous devons dire quelques mots, à cause de la
liaison qui peut les unir à notre sujet.

Les donations peuvent être révoquées EX CAUSA AN-
TIQUA ET NECESSARIA OU EX CAUSA NOVA ET VOLUNTARIA,
les conséquences de chacune de ces révocations sont
bien différentes. Dans la première hypothèse la cause
de révocation naissant en même temps que la disposition elle-même a été prévue au contrat ou a pu
l'être ; dans la seconde elle provient d'un fait postérieur et indépendant de la volonté du testateur. La
révocation a-t-elle lieu *ex causa antiqua* comme dans le
cas d'inexécution des conditions ou de survenance d'enfants, elle a un effet rétroactif dont le but est d'ané-

antir les droits accordés par le donataire sur les immeubles donnés qui rentrent dans les mains du donateur libres et quittes de toutes charges du chef de
celui-là ; se produit-elle au contraire *ex causa nova*,
comme dans le cas d'ingratitude, tous les droits réels
concédés sur les biens subsistent : observons toutefois que cette dernière espèce de donation n'est pas
sujette à être révoquée lorsqu'elle a été faite en faveur du mariage. Tels sont les effets de ces révocations.

No doit-on pas, par analogie des motifs dont nous
avons parlé à propos du retour conventionnel, accorder à la femme dans le cas de révocation de la donation pour inexécution des conditions ou survenance
d'enfants, un droit semblable à celui qu'elle obtient
dans cette dernière hypothèse ? La loi le lui refuse formellement au cas de survenance d'enfants : n'a-t-elle
point par là entendu le lui donner dans l'autre cas?
La négative ne saurait être douteuse; la disposition
de l'article 952 est toute de faveur, de droit étroit, et
ne peut être étendue en dehors de l'espèce pour laquelle elle a été écrite, le donateur ne peut être présumé avoir restreint son droit en faveur de la femme.
Dans le cas de révocation pour cause d'ingratitude, le
droit de la femme subsiste, l'article 958 est formel.

Mais le donateur a-t-il la faculté d'accorder cette
hypothèque subsidiaire en prévision de l'éventualité
de la révocation ? Si la résolution du droit du donataire est motivée par son ingratitude, il ne peut pas
y avoir de difficulté devant l'énonciation de l'article
958. La donation est-elle révoquée pour inexécution

des conditions, l'hypothèque subsidiaire peut être
consentie au profit de l'épouse du donataire, aucun
texte ne s'y oppose. Enfin si elle a sa cause dans la
survenance d'enfants, l'article 963 prohibe formellement la convention dans la crainte d'une fraude indirecte aux prescriptions de la loi.

A cette dernière cause de révocation se rattache un
intérêt historique.

Sous notre ancienne jurisprudence cette question
avait fait difficulté, la majorité des auteurs professaient
une opinion différente de celle consacrée aujourd'hui,
lorsqu'il s'agissait d'une donation pour cause de mariage. Dumoulin dans son traité intitulé : *de donatio-
nibus in contractu matrimonii factis*, enseignait que la
donation faite par le contrat de mariage était toujours
révocable pour cause de survenance d'enfants et que
par conséquent l'hypothèque légale de la femme
sur les biens donnés devait s'évanouir; Ricard, au
contraire, s'appliquait à sauvegarder les droits de la
femme, soutenant l'avis opposé, et un arrêt du
12 avril 1551 semble avoir consacré ce résultat : il
accorda à la belle-sœur de ce jurisconsulte une hypothèque subsidiaire sur les biens de Dumoulin, mais dans
son traité, Pothier affirme que le maintien de l'hypothèque sur les biens par lui donnés ne fut prononcé
par le parlement qu'en conséquence du consentement
formel qu'il y donna par écrit; Dumoulin triomphait,
cependant ses adversaires n'étaient pas convaincus.
Ricard, pour justifier son refus d'adhérer à l'opinion
opposée, dit : « Dumoulin est suspect en cette rencontre, ayant fait son traité pour combattre une do-

nation qu'il avait consentie à son frère : ce que je
remarque pour faire trouver le lieu à la vérité sans
blesser la réputation de ce grand personnage qui
trouve assez son excuse dans les mœurs générales des
hommes, qui sont aveuglés par leurs propres intérêts. » Ce soupçon de partialité n'a pas été partagé
par les jurisconsultes qui ont suivi; l'article 42 de
l'ordonnance de 1739 vint confirmer la décision du
grand jurisconsulte, et l'article 963 du Code Napoléon
ne fait que reproduire ce texte.

C'est aussi la crainte d'une fraude indirecte aux
prescriptions du législateur qui a fait modifier le
droit de la femme lorsque le mari vient à tomber en
faillite. La restriction apportée en cette matière a eu
pour but de faire cesser le scandale qui se produisait
dans l'ancienne législation : avant le Code, le droit
de la femme du failli conservait toute sa force, et le
mari pour se ménager des ressources en frustrant ses
créanciers augmentait ses dettes vis-à-vis de son
épouse.

Ces manœuvres frauduleuses sont indiquées dans
un discours prononcé par M. Treilhard, lors de la discussion des textes sur les faillites : « Parfois un commerçant reconnaissait, en se mariant, une dot factice,
soit pour faire illusion par l'annonce d'un actif supposé, soit même pour préparer de longue main un
moyen de soustraire un jour sa fortune à ses légitimes
créanciers ; ou bien il faisait à sa femme des avantages proportionnés à une dot qu'il ne devait pas recevoir ; souvent même il employait les deniers de ses
créanciers à acquérir des immeubles sous le nom de

sa femme. Enfin par des séparations frauduleuses et des actes simulés, celle-ci, au moyen de sa dot factice et de ses avantages matrimoniaux, absorbait toute la fortune du mari. »

Une législation tolérant de pareilles fraudes, permettant au failli de vivre au sein de l'opulence et de la richesse, alors qu'il causait la ruine de ses créanciers, demandait un changement conforme à la justice.

C'est le Code de commerce de 1807 qui consacra la réforme, et comme il arrive trop souvent lorsqu'on sent le besoin de réagir contre des abus, il réglementa la matière avec une sévérité excessive qui provoqua bientôt de vives réclamations. Enfin est venue la loi de 1838 qui nous régit aujourd'hui; ses rédacteurs, moins influencés que ceux du code de 1807 par la vue de désordres et de fraudes, ont essayé de concilier les intérêts des tiers avec ceux de la femme.

Aux termes du nouvel article 563 les immeubles qui appartenaient au mari à l'époque de la célébration du mariage ou qui lui sont advenus depuis, soit par succession, soit par donation entre vifs ou testamentaire, sont seuls soumis à l'hypothèque légale de la femme. Le Code de 1807 se montrait plus rigoureux, il ne lui concédait aucun droit sur les immeubles advenus au mari pendant le mariage. C'était là une disposition injustifiable au point de vue de l'équité; de quel droit les créanciers viendraient-ils priver la femme de son hypothèque sur des immeubles acquis par son mari à titre gratuit? Ils ne devaient pas compter sur une augmentation de patrimoine ayant une source aussi incertaine; ils ne peuvent prétendre non plus que l'argent destiné à leur gage a été employé à faire de pareilles acquisitions.

Pour que la restriction dont nous venons de parler ait lieu, deux conditions sont nécessaires.

Il faut premièrement que le mari ait été commerçant à l'époque du mariage, ou que n'ayant pas alors de profession déterminée il le soit devenu dans l'année qui suit la célébration de ce mariage. Il n'était point possible de priver la femme des garanties de droit commun, lorsqu'en se mariant elle n'a pas pu raisonnablement prévoir que son mari dût jamais, en qualité de commerçant, courir les chances d'une faillite, elle a une sorte de droit acquis dont on ne peut la priver sans injustice.

Le Code de 1807 assimilait à la femme dont le mari était commerçant à l'époque de la célébration du mariage, celle qui avait épousé un fils de négociant n'ayant à cette époque aucun état ou profession déterminé, et qui devenait lui-même négociant ; en outre, il accordait les prérogatives du droit commun à la femme dont le mari avait, à l'époque de la célébration du mariage, une profession déterminée autre que celle de négociant et qui s'était livré au commerce dans l'année de la célébration ; il n'est pas question de ces deux hypothèses dans la loi nouvelle.

En second lieu, il faut que le mari soit en faillite. S'il intervient un concordat, la situation de la femme n'en subit aucune influence, car il n'a pas d'effet rétroactif et ne peut empêcher la faillite d'avoir existé ; cet événement malheureux, au contraire, a déterminé les droits de la femme sur certains biens du mari, et par suite a créé des droits contraires au profit des autres créanciers.

Des motifs que nous avons indiqués plus haut, il ne faudrait pas conclure d'une façon générale que toutes les fois que la chose a eu son équivalent dans les biens du mari il s'opère une subrogation et que le bien nouvellement acquis ne peut être grevé de l'hypothèque ; les améliorations faites aux immeubles vont nous montrer un droit contraire au principe général. Par induction de l'article 2133 du Code Napoléon, on pourrait dire qu'elles doivent être affectées du droit réel comme l'immeuble lui-même. Cependant nous ne saurions admettre cette solution sans faire une distinction : s'agit-il d'une simple amélioration que tout bon administrateur de biens ne doit pas négliger, alors nous soutiendrons le droit de la femme; s'agit-il, au contraire, d'une amélioration notable, constituant réellement un nouvel état de choses, nous lui ferons subir le sort commun aux biens acquis à titre onéreux; elle est présumée faite avec les deniers du mari ou plutôt avec les deniers des créanciers.

Une difficulté s'était produite sur l'ancien article 443 du Code de commerce, déclarant que nul ne pouvait acquérir privilége ni hypothèque sur les biens du failli dans les dix jours qui précèdent la faillite; on avait prétendu, en rapprochant cette prohibition de celle contenue dans l'article 2146 du Code Napoléon, en tirer la conséquence que la femme, épousant un négociant dans les dix jours qui précédaient la cessation de payement, n'avait point d'hypo-

thèque sur les biens de son mari. Une opinion aussi
rigoureuse avait quelque chose de blessant, aussi ne
fut-elle admise que par quelques-uns seulement.
Dans le sens contraire, on objectait que le Code
de 1807 n'employait pas, comme l'article 712 du
Code Napoléon, l'expression acquérir dans toute son
étendue, c'est-à-dire en y comprenant tout moyen
volontaire ou involontaire propre à faire entrer
quelque chose en la possession de l'homme, mais
qu'il devait être interprété dans le sens d'acquisition
dépendante de la volonté ; qu'une exception à l'article 443 était consacrée par l'article 565 en faveur
du privilége des frais de justice dérivant de la loi
et non de la stipulation des parties et qu'il devait en
être ainsi pour la femme par les mêmes motifs. Aujourd'hui, le droit de la femme est incontestable en
face de l'article 446 de la loi de 1838 ; le législateur
a pris soin d'énumérer les hypothèques judiciaires à
côté des hypothèques conventionnelles, et aucune
idée de fraude ne peut être présumée, puisqu'on ne
garantit pas une créance déjà existante ; lors de la
réforme du système des faillites, le rédacteur n'igno-
rait pas les difficultés soulevées depuis 1807, et c'est
précisément pour y mettre fin qu'il a procédé par
voie d'énumération.

Une autre question surgit des articles 563 et 564.
Deux faits constituent la faillite : la profession habi-
tuelle d'actes de commerce et la cessation de payement. Peu importe qu'à cette profession il vienne
s'en joindre une autre, l'avocat qui se livre au négoce
est soumis au régime de la faillite au même titre que

le commerçant ordinaire ; qu'arrive-t-il si, à l'époque où ce dernier se marie, il a mérité déjà par sa
conduite la qualité de commerçant et que quelque
temps plus tard il soit déclaré en faillite ?

Nous ne pensons pas que dans cette espèce il y ait
lieu de restreindre en aucune façon les droits de la
femme, qu'elle ait connu ou non les spéculations de
son mari ; elle lui a vu une profession et cela a dû
suffire pour lui faire croire que sa situation pécu-
niaire serait celle de toutes les femmes. Comment
exiger d'elle une appréciation souvent fort difficile,
embarrassant les tribunaux dans des occasions multi-
pliées, celle de savoir si les actes commerciaux ont
été assez fréquents pour constituer un commerçant ?

Le nombre des biens affectés à l'hypothèque n'est
pas seul diminué, les créances le sont elles-mêmes ;
l'article 563 du Code de commerce dit que la
garantie existera : 1º pour les deniers et effets mobiliers que la femme aura apportés en dot ou qui lui
seront advenus depuis le mariage par succession ou
par donation entre vifs ou testamentaire et dont elle
prouvera la délivrance ou le payement par acte ayant
date certaine ; 2º pour le remploi de ses biens aliénés
au cours de l'union ; 3º et pour l'indemnité des dettes
par elle contractées avec son mari ; mais pour cette
dernière sorte de créance, la présomption légale est
que le payement a été effectué avec les deniers du
mari ; la femme devra donc, si elle veut exercer une
action dans la faillite, fournir la preuve du contraire.

Ce texte reproduit l'énumération que nous avons

déjà vue de l'article 2135, sous la seule exception des conventions matrimoniales, que la loi refuse de reconnaître d'une manière absolue dans l'article 564. Il eût été trop dur, en effet, pour les créanciers, de voir une femme que tout le monde avait connue sans fortune jouir tranquillement de biens immenses dont une libéralité du mari les aurait dépouillés.

Le Code de 1807, plus rigoureux encore, lui refusait une garantie pour les valeurs comprises dans les donations ou successions à elles échues pendant le mariage, et pour la dot il exigeait une justification par acte authentique.

La sécurité de la femme d'un commerçant n'est compromise que par la faillite de son mari; celle des femmes de comptables n'est pas subordonnée à l'arrivée d'un pareil événement, elles ont, dès le jour du mariage, un rang inférieur en face du fisc pour certains biens.

La Cour des comptes, faisant l'examen de la gestion des préposés à la recette et à la dépense des fonds publics, peut rendre trois sortes d'arrêts définitifs; elle établit que le comptable est quitte ou en avance, alors elle lui donne décharge de sa gestion; ou bien elle le déclare en debet et le condamne à solder sa dette dans le délai fixé par la loi; cette créance de l'État a reçu diverses garanties au nombre desquelles se trouvent le privilége et l'hypothèque.

L'article 2098 du Code Napoléon au titre des priviléges avait renvoyé aux lois particulières concernant les droits du Trésor public; l'article 2121 du même

Code au titre suivant a attaché l'hypothèque légale
aux créances de l'Etat, des communes et des établis-
sements publics sur les biens des comptables; et d'a-
près l'article 2122 cette hypothèque légale peut être
exercée sur tous les biens appartenant au débiteur et
sur ceux qui peuvent lui advenir par la suite; mais ce
droit est subordonné à l'inscription qui doit fixer le
rang hypothécaire.

La loi du 5 septembre 1807, déclarée commune au
trésor de la couronne par un avis du Conseil d'Etat, a
fixé les droits du trésor public d'une manière plus
positive et même leur a donné de l'extension.

Aux termes de cette loi, le privilége du trésor public s'exerce : 1° sur les immeubles acquis à titre onéreux par les comptables postérieurement à leur nomination; ces biens, en vertu d'une présomption
juris et de jure, sont présumés achetés avec l'argent
du trésor, aucune preuve du contraire ne peut donc
être donnée; 2° sur ceux acquis au même titre et depuis cette nomination par leurs femmes même séparées de biens qui sont réputées personnes interpo-
sées; dans ce second cas il y a une présomption *juris
tantum*, la femme sera admise à justifier que les deniers employés au payement lui appartenaient.

Ce privilége ne se produit qu'à la charge d'une inscription qui doit être faite dans les deux mois de l'en-
registrement de l'acte translatif de propriété.

Il ne peut préjudicier : 1° aux créanciers privilégiés
désignés dans l'article 2103 du Code Napoléon lorsqu'ils ont rempli les conditions prescrites pour obtenir leur droit; 2° aux créanciers désignés aux arti-

cles 2101, 2104 et 2105 du même Code dans le cas
prévu par le dernier de ces articles ; 3° aux créanciers du précédent propriétaire qui auraient acquis
sur les biens des hypothèques légales existantes indépendamment de l'inscription, ou toute autre hypothèque valablement inscrite. Voilà pour le privilége sur
les immeubles que le comptable a acquis depuis l'é-
poque de sa nomination.

Quant aux biens qu'il possédait déjà et à ceux dont
il est devenu propriétaire autrement qu'à titre onéreux, ils sont grevés d'une hypothèque légale au profit du trésor à charge d'inscription conformément aux
articles 2121 et 2134.

Outre le privilége sur les immeubles dont nous venons d'indiquer l'étendue, le trésor public a un droit
de pareille nature sur tous les meubles du comptable
sans exception, et ce droit s'exerce à l'égard des femmes séparées de biens pour tous ceux trouvés dans les
maisons d'habitation du mari. Mais l'épouse séparée
ou non est admise à prouver que cette sorte de biens
lui appartient. Cette garantie n'est primée que par
les créances énumérées aux articles 2101 et 2102 du
Code Napoléon.

D'après cet exposé il est facile de voir que l'épouse
peut se trouver rejetée au second rang, mais la sûreté
due à la fortune publique l'exigeait, et nous ne saurions nous montrer plus indulgents envers la femme
du comptable qu'envers celle du failli puisque ce sont
à peu près les mêmes motifs qui peuvent être invoqués contre elle. Il en est de même lorsque la femme
en se mariant a trouvé les immeubles affectés à la

garantie de ses créances déjà grevés d'un privilége ou
d'une hypothèque ; par exemple, les droits des enfants
mineurs du premier mariage doivent l'emporter sur
la deuxième femme ; si c'est la mère tutrice qui con-
vole à de secondes noces, elle est primée par ses enfants
sur les biens du mari , la condition de ces derniers ne
peut subir aucune influence défavorable de cet événement ; c'est une conséquence de la solidarité de
l'obligation imposée à l'époux co-tuteur.

QUATRIÈME PARTIE.

GARANTIES ÉTABLIES AU PROFIT DES TIERS CONTRE LA
GÉNÉRALITÉ ET LE MANQUE DE PUBLICITÉ DE L'HYPO-
THÈQUE LÉGALE DE LA FEMME.

Dans les trois parties que nous venons de parcourir,
nous avons étudié l'organisation de l'hypothèque
légale accordée à la femme. Toute femme mariée en
jouit pour toutes ses créances contre son mari, sans
avoir besoin de rendre son droit public; la loi oblige
certaines personnes et en engage d'autres à prendre
inscription pour elle; mais le défaut d'accomplissement de cette formalité ne peut en aucune manière
lui être opposé; enfin tous les immeubles du mari
sont affectés à sa sûreté.

En un mot nous ne nous sommes jusqu'ici occupés
que des protections accordées à la femme. Dans un
pareil état de choses, le mari qui manque d'argent et
veut emprunter ou vendre, a à craindre que personne
ne veuille traiter avec lui.

La loi ne pouvait pas le placer dans une position
aussi précaire, elle devait créer des moyens propres
à lui donner le crédit dont il peut avoir besoin.

Pour traiter cette dernière partie de notre travail
nous la subdiviserons en quatre sections.

La première section comprendra ce qui concerne
la restriction consentie par la femme de son hypothèque légale au moment du mariage.

8

La deuxième traitera de la réduction accordée au mari pendant le cours du mariage.

Dans la troisième nous nous occuperons de la subrogation en comprenant toutes les modifications que peut subir le droit de la femme vis-à-vis des tiers.

Enfin la quatrième aura trait à l'extinction de l'hypothèque légale par la purge.

La généralité est un caractère inhérent à l'hypothèque légale; mais cette garantie ne peut-elle pas être ramenée au principe ordinaire de la spécialité, toutes les fois que l'intérêt de la femme n'y est pas opposé? Si la dot est minime, et si la fortune du mari est considérable, la femme a des garanties hors de proportion avec sa créance; est-il bon de laisser ainsi grevé d'un poids excessif entre les mains du mari un patrimoine dont le gage n'est pas nécessaire à la femme?

Assurément non; l'ordre public devait s'opposer à laisser le crédit du mari ainsi embarrassé d'entraves inutiles et lui permettre d'obtenir une restriction à l'hypothèque légale de sa femme dans des limites raisonnables.

L'hypothèque légale de la femme peut être restreinte dans son étendue toutes les fois que le mari lui offre une sauvegarde proportionnée à ses droits.

La restriction a lieu, soit au moment de la naissance de l'hypothèque, c'est-à-dire à l'époque même du mariage et par le contrat qui règle les rapports pécuniaires des époux, ou bien elle peut se produire postérieurement.

Nous allons étudier séparément ces deux hypothèses.

SECTION PREMIÈRE.

RESTRICTION DE L'HYPOTHÈQUE PAR LE CONTRAT DE MARIAGE.

Deux moyens sont offerts à la femme pour diminuer l'étendue de son droit hypothécaire, restriction expresse et restriction tacite, expresse lorsque plusieurs immeubles sont affranchis du droit hypothécaire, tacite lorsqu'il est déclaré que tels biens individuellement désignés y seront seuls soumis.

Lorsque, dans le contrat de mariage, les parties contractantes seront convenues qu'il ne sera pris d'inscription que sur un ou certains immeubles du mari, les immeubles qui ne seraient pas indiqués pour l'inscription resteront libres et affranchis de l'hypothèque pour la dot de la femme et pour ses reprises et conventions matrimoniales : telle est la première stipulation qui peut être faite. Dans ce cas, l'hypothèque restreinte à des biens individuellement déterminés ne pourra grever ni les biens présents autres que ceux désignés, ni les biens que le mari pourra acquérir par la suite ; elle deviendra spéciale.

Outre cette première stipulation prévue par le législateur, il peut s'en présenter une autre que les parties sont autorisées à faire, en vertu des articles 1387 et suivants du Code Napoléon. Les époux pourront convenir que tels ou tels immeubles ne seront pas atteints par le droit hypothécaire de la femme, qui conservera son caractère de généralité et grèvera tous les immeubles à l'exception seulement de ceux qui ont été exclus.

Ainsi, une simple prévoyance de l'homme qui s'engage dans les liens du mariage, avant même que l'hypothèque ne prenne naissance, peut rendre libre une partie plus ou moins considérable de sa fortune : *Provisio hominis tollit provisionem legis.*

Mais une pareille stipulation n'est pas toujours permise; elle ne peut se produire qu'en face d'une femme majeure ; si elle est mineure, la réduction est regardée comme non avenue. Peu importe l'âge du mari, l'article 2140 qui dit : parties majeures, est évidemment trop général, car un incapable peut toujours rendre sa condition meilleure.

Il nous reste à motiver la décision prise en ce qui concerne la femme mineure; elle qui, avec l'assistance des personnes dont le consentement est nécessaire à la validité du mariage, a le droit de donner toute sa fortune à son mari par contrat anténuptial, ne peut pas lui faire grâce d'une partie de son hypothèque si minime qu'elle soit ; pourquoi autoriser des actes plus graves et défendre ceux qui paraissent moins nuisibles? La loi l'a ainsi décidé formellement dans un esprit protecteur de la femme, elle a considéré qu'un acte de disposition donne à réfléchir par son importance, tandis que la restriction ne présente aucun inconvénient pour le moment présent ; elle a craint que les parents ne donnent leur autorisation que comme une concession insignifiante dont la portée juridique leur échappe.

Cette exception au principe de la liberté des conventions matrimoniales est suivie d'une seconde s'appliquant à la femme d'une manière générale : on ne

peut pas convenir qu'il ne sera pris aucune inscription ; le système contraire avait des défenseurs
lors de la discussion au conseil d'Etat; il fut repoussé
parce qu'on craignait de voir cette faculté dégénérer
en une clause de style qui aurait fait disparaître indirectement l'hypothèque légale de la femme. Aucune
limite n'a été fixée pour le droit de restriction ; cependant, il ne faudrait pas en conclure que les époux
peuvent se jouer impunément de la loi et restreindre
la sûreté de la femme à un immeuble insignifiant qui
ne saurait présenter aucune garantie sérieuse; une
semblable clause serait, sans aucun doute, annulée
par les tribunaux et la femme rentrerait dans la plénitude de son hypothèque.

SECTION DEUXIÈME.

RÉDUCTION AU COURS DU MARIAGE.

Si lors du mariage la position du mari était telle
qu'on n'eût pas cru pouvoir opérer la restriction de
l'hypothèque de la femme de la manière que nous
venons d'indiquer, celui-ci aura la faculté, pendant
la durée de l'union, si sa fortune a augmenté et présente désormais une plus ample garantie, de demander et d'obtenir réduction.

Pour qu'elle puisse avoir lieu, il faut qu'une
restriction ne se soit pas déjà produite, car l'hypothèque aurait perdu le caractère de généralité dont
parle l'article 2144.

De plus, le mari devra fournir la preuve que son

patrimoine immobilier est de beaucoup supérieur en valeur aux droits dont il pourra être constitué débiteur envers sa femme.

Enfin, ce dernier devra encore obtenir le consentement de celle-ci ; il est indispensable ; l'autorisation de justice ne saurait le remplacer ; mieux que tout autre, elle est à même d'apprécier l'opportunité et la convenance de cette réduction ; il ne faut pas la contraindre à venir devant les juges révéler des craintes injurieuses pour son conjoint. Enfin, et c'est là la meilleure raison de toutes, car elle se fonde sur un principe de droit, elle a une créance d'une nature spéciale par le fait même du mariage et nul ne peut être privé de sa chose malgré sa volonté. Comme le consentement de celui qui n'a pas atteint un certain âge n'est pas éclairé, elle ne pourra adhérer à cette réduction que si elle est majeure ; la loi ne l'exige pas, il est vrai, mais on ne peut admettre qu'elle l'ait frappée d'une déchéance le jour du mariage pour l'en relever dès le lendemain, alors qu'elle subit déjà peut-être l'influence du mari ; n'est-ce pas, du reste, un principe général que le mineur ne peut pas faire sa condition pire ?

Ces précautions premières ne suffisent pas ; la loi veut une nouvelle garantie ; l'avis des quatre plus proches parents de la femme réunis en assemblée de famille. Pourrait-on, par application de l'article 409, au cas où ces parents ne se trouveraient pas sur les lieux ou dans un certain rayon, les remplacer par d'autres personnes à un degré de parenté plus éloigné ou même par des amis ? Nous ne le pensons pas ; le

législateur a eu des motifs pour désigner nommé-
ment les plus proches parents ; s'ils ne peuvent venir,
ils enverront leur procuration. La personne qui devra
présider cette réunion de famille pourra être prise
parmi les parents, mais il est à souhaiter que ce soit
le juge de paix, malgré l'absence d'un texte sur ce
point; les lumières apportées dans la discussion par
ce magistrat seront une sauvegarde de plus pour la
femme. Si l'avis est défavorable ou même contraire,
tout espoir n'est pas perdu, le tribunal videra le
débat qui a pu s'élever au sein du conseil et autori-
sera la réduction s'il le juge convenable.

Une fois ces formalités accomplies, le mari se pour-
voira pour obtenir un jugement ; il ne s'agit point ici
d'une simple décision sur requête, mais d'une instance conduite suivant les formes ordinaires et introduite par assignation au ministère public, que l'article
2145 établit contradicteur du mari. Ce jugement,
comme tout autre, sera susceptible d'appel et soumis
à la règle générale des deux degrés de juridiction ; le
ministère public, partie principale dans l'instance,
a dès lors qualité pour demander réformation du
jugement.

Si la femme est tombée en démence, le mari, pour
obtenir la réduction, doit provoquer son interdiction ;
il lui fait alors nommer un tuteur *ad hoc*, qui sollicite
l'autorisation du conseil de famille dans les formes
prescrites par le Code pour les interdits.

Ces formalités, on le voit, sont longues et compli-
quées, elles ont été exigées dans l'intérêt de la
femme; au moment de s'unir, les parties sont à peu

près, maîtresses de dicter les conditions qu'il leur plaît, tandis que, une fois le contrat formé, l'influence de l'un des époux, fort souvent du mari, se manifeste d'une manière plus ou moins apparente; et la loi devait prêter protection à la femme, afin d'empêcher le mari d'abuser de son ascendant sur elle pour la dépouiller de ses droits.

L'hypothèque, ainsi réduite, n'est plus générale dans la force du mot, mais elle est toujours légale et jouit par conséquent de sa plénitude d'existence indépendamment de toute inscription.

Toutefois, cette réduction ne constitue pas un droit acquis au mari d'une manière définitive, elle peut être révoquée si les causes qui l'ont motivée disparaissent; il en est ainsi dans le cas où, par exemple, ses immeubles viennent à dépérir par son fait ou même par une cause tout à fait fortuite; de même, si ses droits de propriété peuvent être résolus par suite de la survenance d'un événement et que cet événement se réalise; ou, si ses biens sont grevés d'hypothèques légales dispensées d'inscription et dont l'existence avait été d'abord inconnue. Cette révocation pourra être demandée par toutes les personnes appelées par la loi à faire inscrire le droit de la femme, mais elle ne sera prononcée qu'à la condition d'accomplir les formalités établies pour la réduction, et de respecter les droits que les tiers ont pu acquérir en traitant avec le mari dans l'intervalle.

Ce sont là, à notre avis, les deux seuls modes de réduction pouvant atteindre l'hypothèque légale de la femme; cependant des auteurs ont voulu la sou-

mettre à celle consacrée par l'article 2161 et suivants.
Nous ne pensons pas qu'une telle opinion soit admissible. Cet article parle de la réduction des inscriptions, ce qui ne peut s'entendre que des hypothèques
judiciaires inscrites ; de plus, les hypothèques légales
ont été l'objet de dispositions et de formalités spécia-
les contenues dans les articles 2140 à 2145 ; si le
législateur avait voulu leur appliquer cet article 2161,
il est à croire qu'il ne se serait pas mis en peine de
leur tracer des conditions particulières.

SECTION TROISIÈME.

DE LA SUBROGATION.

L'hypothèque, à cause de sa généralité, altère profondément le crédit du mari. Celui-ci peut, il est
vrai, la faire restreindre au moment du mariage ou
plus tard ; mais il n'a ce droit qu'en remplissant certaines conditions ; la restriction ne doit avoir lieu
que si la femme est majeure, la réduction si la justice
pense qu'il a une fortune plus que suffisante pour garantir les créances de celle-ci ; la pratique est venue
à son secours, elle a pris dans le droit romain et dans
l'ancien droit le système de la subrogation pour garantir les tiers contre les droits des femmes et permettre à ces dernières d'une manière indirecte un
acte que la loi semblait ne pas autoriser. Celle qui ne
peut renoncer à son hypothèque légale en faveur de
son mari qu'en remplissant les formalités longues et
difficiles énumérées dans les articles 2144 et 2145, a la
faculté de le faire, sans aucun contrôle, lorsqu'elle
traite avec des tiers.

Le principe en matière de subrogation est contenu dans l'article 9 de la loi du 23 mars 1855 dont voici les termes : Dans les cas où les femmes peuvent céder leur hypothèque légale ou y renoncer, cette cession ou cette renonciation doit être faite par acte authentique, et les cessionnaires n'en sont saisis à l'égard des tiers que par l'inscription de cette hypothèque prise à leur profit, ou par la mention de la subrogation en marge de l'inscription préexistante. Les dates des inscriptions déterminent l'ordre dans lequel ceux qui ont obtenu des cessions ou renonciations exercent les droits hypothécaires de la femme; ainsi deux moyens pour elle de diminuer l'étendue de son hypothèque, la cession et la renonciation.

Cette loi a heureusement innové en consacrant la légalité de ces conventions, mais il est à regretter qu'elle ne se soit point expliquée sur les diverses hypothèses pouvant se produire; elle aurait ainsi évité de nombreuses controverses que son silence laisse subsister.

Il résulte des termes mêmes de notre article 9 que la femme ne peut pas toujours céder son hypothèque; le législateur n'ayant point indiqué les conditions requises pour qu'elle puisse user de cette faculté, nous devons recourir aux règles du droit commun. Si la femme est mineure, elle ne peut en aucune manière disposer de la sûreté qui lui est accordée, il y a une impossibilité insurmontable, cet acte dépasse les bornes d'une administration ordinaire. Est-elle au contraire majeure et mariée sous les régimes de communauté ou de séparation de biens, ou sous le régime exclusif de communauté, elle a toute capacité pour aliéner lorsqu'elle est autorisée de son mari, ou à son défaut, de la justice.

Pour la femme mariée sous le régime dotal, il faut user de distinctions : l'hypothèque est-elle la garantie de biens paraphernaux, la subrogation est permise ; est-elle attachée à des biens dotaux mais mobiliers, les opinions se divisent suivant que l'on admet l'aliénabilité de la dot mobilière avec la doctrine, ou son inaliénabilité avec la jurisprudence ; dans le premier système, la femme dotale est assimilée à la femme commune ; dans le second, il faut décider, comme pour la dot immobilière, qu'elle ne peut en aucune manière se dessaisir d'un droit essentiellement d'ordre public destiné à servir de sauvegarde aux bases du régime qu'elle a adopté en se mariant ; l'autoriser à faire une semblable renonciation serait l'exposer à une aliénation indirecte de sa dot, aliénation à laquelle elle pourrait se prêter avec une intention de fraude.

C'est donc uniquement à ce dernier cas que la loi fait allusion dans les premiers mots de l'article 9.

Toutefois, si la femme dotale s'est réservé le droit d'aliéner et d'hypothéquer ses immeubles dotaux, nous ne saurions lui refuser la faculté de subroger un tiers dans son hypothèque, car en se réservant des pouvoirs aussi étendus, elle a exprimé assez clairement son désir d'atténuer les rigueurs du régime auquel elle s'est soumise, et elle est présumée avoir eu en vue la subrogation dont elle use.

Si, au contraire, mariée sous un tout autre régime, elle a déclaré soumettre ses biens propres aux règles des immeubles dotaux, elle sera atteinte de la déchéance que nous avons indiquée plus haut.

Quelques auteurs ont voulu contester la validité de la subrogation consentie par la femme sans l'accomplissement des formalités prescrites par les articles 2144 et 2145 ; mais ces textes ne sauraient recevoir ici leur application ; ils ne peuvent être invoqués que pour le cas dont ils s'occupent, c'est-à-dire lorsqu'il s'agit d'un avantage à accorder au mari ; dans notre hypothèse, au contraire, la femme se dessaisit de son droit en faveur d'un tiers, on ne peut être fondé à exiger le contrôle de la justice, alors qu'il est établi que la femme dûment autorisée jouit d'une capacité pleine et entière. Cette solution se justifie d'ailleurs par cette considération que la subrogation faite au profit d'un tiers est toute partielle et n'expose pas la femme à un grand préjudice, tandis que la réduction d'hypothèque obtenue par le mari peut être telle que la femme soit privée de toute garantie capable de lui assurer ses droits.

A. *Cession de l'hypothèque légale.* Ce transport fait par la femme d'un droit accessoire qu'elle détache de sa créance pour l'attacher à celle d'un tiers, constitue l'opération communément appelée : *Subrogation à l'hypothèque légale.*

Voici ce qui a lieu : deux créanciers sont en présence, l'un possesseur d'une hypothèque, la femme, et l'autre n'en ayant pas ; une convention intervient entr'eux, et la garantie attachée au droit de la femme passe à la créance du tiers, qui alors devient hypothécaire, tandis que celle de la femme devient simplement chirographaire. Cet abandon peut avoir lieu seulement en faveur d'un créancier chirographaire, consenti au profit d'un créancier armé d'une hypothèque, elle constitue une cession d'antériorité produisant des effets que nous déterminerons plus tard).

Mais, avant d'étudier la portée de cette institution, il faut résoudre la question de savoir si elle est valable. Des auteurs qui ont contesté sa validité raisonnent ainsi : Bien certainement toute latitude est donnée au créancier pour céder son droit avec toutes les sûretés qui y sont attachées, telles que la contrainte par corps, le cautionnement, le gage, l'hypothèque; mais là se borne la faculté de disposition qui lui est accordée, et il ne peut point séparer l'accessoire du principal.

Dans l'enquête administrative de 1841, cette solution fut généralement adoptée, et, plus récemment encore, on peut, dans le rapport fait par M. de Vatimesnil au nom de la commission de l'Assemblée législative, lors de la discussion sur la réforme hypothécaire en 1849, voir cette convention qualifiée de contraire aux principes et sujette à de graves inconvénients : contraire aux principes, car l'hypothèque, étant un accessoire, est naturellement transmise en même temps que la créance (art. 1692); sujette à de graves inconvénients, car, dans le système contraire, le créancier qui aurait hypothèque sur plusieurs immeubles pourrait, en conservant sa créance et son hypothèque sur un des immeubles, faire une sorte de trafic très-fâcheux de cette même hypothèque, en tant qu'elle frapperait sur les autres immeubles.

En réponse à ces objections, on peut d'abord invoquer les articles 1279 et 1281, aux termes desquels, dans le cas de novation de dette, il est permis de faire réserve des garanties accessoires attachées à l'ancienne créance : la loi offre donc des exemples dans lesquels les droits accessoires d'une créance peuvent en être détachés pour en fortifier une autre, et cette opération n'est pas contraire aux principes.

Les inconvénients dont on la présente environnée n'existent pas davantage; la nature de l'hypothèque n'est changée en aucune façon, elle continue à être liée au sort du principal, avec cette différence seulement qu'au lieu de profiter au créancier originaire, elle profite au cessionnaire.

Au reste, quelle qu'ait été la force des motifs à invoquer pour prononcer la nullité de cette subrogation? Toute discussion est terminée aujourd'hui par la disposition de l'article 9 de la loi du 23 mars 1855, qui s'est occupée spécialement de cette cession de l'hypothèque légale et l'a autorisée.

Quant à ses effets, ils seront facilement déterminés lorsque nous aurons caractérisé cet acte lui-même.

Cette cession constitue-t-elle un transport? Non, car il faudrait la stipulation d'un prix certain, déterminé et sérieux, accompagné de la transmission du cédant au cessionnaire, conditions qui ne se rencontrent pas dans notre hypothèse; est-elle un nantissement? pas davantage, car, aux termes de l'article 2076, le gage n'est valable qu'autant que le titre de créance a été mis en la possession du créancier ou d'un tiers convenu entre les parties, formalité qui ne peut être accomplie, puisque la plupart du temps il n'y a pas de titre. Quelle est donc la nature de cette subrogation? C'est, dit M. Berthault, à l'avis duquel nous croyons pouvoir nous ranger, un abandon éventuel par la femme de la totalité ou seulement de partie de ses droits, sous la condition qu'ils lui demeureront, qu'elle pourra les exercer elle-même, si le subrogé n'en use pas; de façon que celui-ci n'en est investi que par une sorte de dation en payement subordonnée à son besoin; elle confère plus qu'un droit de gage, elle transfère éventuellement la propriété.

Le cessionnaire peut se présenter à l'ordre ouvert pour la distribution du prix des immeubles affectés à son hypothèque, car ils y sont tous soumis, à moins d'une convention expresse à cet égard; il a le droit d'être colloqué au lieu et place de la femme jusqu'à concurrence de sa créance.

Mais, comme l'hypothèque n'a point cessé d'être l'accessoire de la créance, elle doit en suivre toutes les modifications; si donc le principal cesse d'exister, l'accessoire disparaîtra avec lui. Un système enseigne que la femme a conservé la pleine faculté d'aliénation à l'encontre du cessionnaire; selon nous, la femme ne peut profiter que des modes d'extinction de créance ressortant des principes naturels des relations entre époux, elle doit garantie au tiers investi de l'exercice de son droit, et l'équité s'oppose à ce qu'elle le dépouille par suite de manœuvres frauduleuses.

Le subrogé ne pourra agir que dans les cas où la

femme elle-même aurait pu le faire, c'est-à-dire à l'époque de la dissolution du mariage ou de la séparation de biens.

Enfin, la consistance du droit du cessionnaire est essentiellement subordonnée à l'étendue de celui de la femme ; si par le résultat de la liquidation, cette dernière n'a aucune créance, elle a été dans l'impossibilité de céder ce qui n'a jamais existé ; si ses reprises sont inférieures à la créance du subrogé, ce dernier ne peut profiter de l'hypothèque que jusqu'à due concurrence.

La femme peut céder sa créance en suivant les principes du droit commun ; pourvu que la convention soit faite d'une manière sérieuse et ne constitue pas un prêt fait au mari, car alors elle obtiendrait immédiatement une autre hypothèque. La loi de 1855 ne s'est point occupée de cette cession, elle a entendu se référer aux principes de droit commun, il faut admettre dans toute son étendue le principe que l'accessoire suit le sort du principal et reconnaître l'abandon de l'hypothèque en même temps que celui de la créance. Par cette convention le cessionnaire prend la place de la femme au moins dans une certaine mesure, et le droit de cette dernière est diminué de tout ce qu'elle a transmis au subrogé.

Non-seulement la femme peut céder sa créance, mais lorsqu'elle prime un créancier hypothécaire du mari, elle a le droit, par un intervertissement de rang, de lui conférer une place préférable à la sienne : cette convention n'a lieu qu'en faveur d'un créancier hypothécaire, et c'est ce qui la distingue de la cession d'hypothèque.

La validité de ces deux dernières sortes de cessions n'a jamais été contestée, mais quelques auteurs ont voulu tirer argument de ce que la loi de 1855 n'en avait point parlé, pour leur refuser les conséquences que nous croyons devoir leur attribuer, et les dispenser au contraire de toute forme de publicité. Le but du législateur a été de rendre public tout abandon fait par la femme de son hypothèque, afin d'éviter les difficultés qui s'étaient produites tant de fois sous le régime du Code Napoléon. Les tiers ont le même intérêt à connaître l'existence d'une cession de créance ou d'une cession d'antériorité qui peut rendre un droit préférable au leur, nous pensons donc que ces deux convention rentrent sinon dans la lettre, du moins dans l'esprit de la loi.

B. *Renonciation.* En outre des différents modes dont nous venons de parler, la femme a la faculté de se désister de son droit hypothécaire en faveur des tiers par la renonciation.

Avant la loi du 23 mars 1855 cet abandon de la femme avait été l'objet d'interprétation diverses. Les uns voulaient que cette renonciation *in favorem* fût purement extinctive, ne donnant aucun droit nouveau, mais constituant seulement un acte d'abstention par lequel la femme s'engageait à ne pas se prévaloir des avantages qu'elle pourrait avoir; d'autres décidaient qu'elle était translative et investitive, et cette opinion était admise dans la pratique. Selon nous, aucune de ces deux solutions ne peut être admise

9

d'une manière absolue ; il faut créer un troisième système mixte se prononçant dans un sens ou dans l'autre suivant l'intention des parties qui devra être soigneusement recherchée, en consultant les termes de l'acte et les circonstances ; si malgré tous les efforts on reste dans le doute, il faudra se décider selon l'article 1162 dans le sens de la renonciation qui est plus favorable à la femme que la cession. Et puisque la pratique admettait que la cession produisait les mêmes effets que la renonciation, il nous est permis de penser que le législateur a voulu suivre cette opinion ; au surplus l'article 9 confirme cette solution, en confondant ces deux conventions sous le même nom de subrogation, il a par là-même entendu leur appliquer les mêmes effets.

Cette renonciation, avec le double résultat que nous venons d'indiquer, peut avoir lieu au profit d'un acquéreur ; la plupart du temps elle constitue simplement un acte d'abstention de la part de la femme ; mais parfois le caractère de cession est utile au tiers détenteur, c'est ce qui a lieu lorsque l'immeuble vendu est grevé d'hypothèques conventionnelles ou judiciaires du chef du mari indépendamment de celle de la femme ; ce dernier a alors intérêt à être subrogé aux droits de la cédante parce qu'au moyen de cette subrogation il est à l'abri de toute perte ; il peut être dépossédé de l'immeuble, mais il conserve toujours son prix d'acquisition.

La renonciation est expresse lorsque la femme s'est formellement prononcée à cet égard, elle peut aussi être tacite, alors elle doit avoir le même effet que la première d'après la règle *eadem est vis taciti ac expressi*; tacite elle résulte de la nature de l'acte et de la convention ; les tribunaux ont plein pouvoir d'appréciation ; on peut citer comme exemples d'une renonciation tacite le concours de la femme à la vente faite par le mari , son obligation solidaire, une ratification postérieure , ou l'engagement de garantir le tiers de tous troubles , dettes ou hypothèques. *

Nous avons annoncé que la loi de 1855 a apporté en cette matière plusieurs innovations, elles sont relatives à la nature de l'acte contenant cession ou renonciation et aux conditions de publicité imposées au cessionnaire. Avant cet acte législatif, aucune forme n'était exigée pour la validité de la subrogation ; on décidait, en se basant sur les principes du Code Napoléon, qu'elle pouvait avoir lieu par acte sous signature privée, et que le rang des subrogés se fixait uniquement par la date de la convention , sans exiger aucune inscription ni mention. Rien alors n'empêchait la femme dont le droit hypothécaire était déjà absorbé au delà de sa valeur de procurer encore du crédit à son mari en offrant à de nouveaux créanciers une garantie illusoire et trompeuse ; ce prêteur qui avait dû se croire complètement en sûreté voyait son gage s'évanouir devant des subrogations antérieures dont il lui avait été complétement impossible de soupçonner l'existence.

Ces fraudes si contraires à la justice et à la sécurité des affaires ne sont plus possibles, en présence du texte que nous avons cité plus haut.

Aujourd'hui la cession ou la renonciation ne peut

plus avoir lieu que par acte authentique. Cette formalité de l'authenticité est exigée dans l'intérêt des créanciers au profit desquels la cession a eu lieu, parce que
leur droit est constaté d'une manière plus certaine, de
telle sorte qu'ils puissent se l'opposer mutuellement,
et aussi dans l'intérêt de la femme parce qu'elle est nécessairement avertie par l'officier public de la gravité
de l'abandon qu'elle va consentir ; la solennité qui en-
toure un tel acte éveille son attention et la protége
contre une décision trop précipitée. Et puisque la
forme authentique est exigée dans l'intérêt de la
femme, nous en concluons que tout mandat donné par
elle pour la représenter doit être assujetti à la même
règle, autrement les inconvénients que l'article 9 a
eu pour but de prévenir se présenteraient de nouveau.

Ce texte exigeant un acte passé devant notaire ne
s'est point occupé de l'acte sous signature privée :
doit-on conserver force et valeur à ce dernier comme
sous le Code? Nous ne le pensons pas, les termes im-
pératifs employés par le législateur semblent nous
autoriser à prononcer la nullité d'un acte tout à fait
contraire à ses prescriptions. Cependant cette décision exige une distinction au cas de cession de
créance : les parties ont-elles entendu faire une cession proprement dite, il faut lui appliquer les principes du droit contenus dans l'article 1690 ; ont-elles eu
en vue une simple cession d'hypothèque : on devra
s'en tenir à l'article 9.

Une autre innovation de cette même loi consiste
dans l'obligation imposée au cessionnaire de rendre
public le droit qui lui est concédé. La dispense d'ins-

cription a été accordée à la femme pour des motifs qui lui sont essentiellement propres, il est logique de ne pas étendre la même faveur à des personnes qui jouissent d'une complète liberté d'action et ne sont point sous la dépendance du mari. Ou il n'y a pas d'inscription, alors le cessionnaire doit la prendre ; ou cette formalité a été remplie, dans ce cas il doit faire mentionner la subrogation en marge de l'inscription.

Comme cette inscription et cette mention ont pour but d'éclairer les tiers sur l'importance des droits déjà cédés par la femme, le cessionnaire devra indiquer le montant du chiffre de la somme pour laquelle il a été subrogé.

La convention est valable entre les parties du jour de l'acte, mais elle ne peut être opposée aux tiers qu'après l'accomplissement des prescriptions de la loi, dans l'espèce, la publicité.

Relativement à la forme de cette publicité, une question s'est présentée : il peut arriver que des époux empruntent une somme d'argent et accordent pour sûreté du prêt une hypothèque conventionnelle sur un des immeubles propres du mari ; mais comme le prêteur, et avec raison, craint d'être primé par la femme en vertu de son droit hypothécaire, celle-ci pour augmenter la garantie lui cède sa créance. Le créancier doit-il, comme l'enseignent quelques auteurs, prendre deux inscriptions, l'une conventionnelle et l'autre légale en faisant mentionner sa subrogation en marge de cette dernière, ou bien a-t-il la faculté d'inscrire son droit d'une manière collective et par un même bordereau ? Nous croyons, et une ju-

risprudence à peu près constante nous engage à adop-
ter cette opinion, que l'inscription collective satisfait
pleinement à l'esprit de la loi.

SECTION QUATRIÈME.

INFLUENCE DE LA PURGE SUR L'HYPOTHÈQUE LÉGALE DE LA FEMME.

Les tiers ont un troisième moyen d'atténuer la
portée de l'hypothèque légale de la femme, c'est la
purge. Elle est spéciale à l'acquéreur des biens affectés
aux droits de celle-ci ; elle n'est jamais obligatoire,
mais elle se produit pourtant assez fréquemment
dans la pratique parce qu'elle a pour effet de pré-
server les tiers détenteurs de l'action hypothécaire.

Le législateur s'en est occupé dans deux chapitres
différents; le premier donne les règles à suivre lorsque
les hypothèques ont été inscrites : si donc celle de la
femme a été soumise à cette formalité, on devra la
purger par les moyens ordinaires ; dans un autre
chapitre il a tracé les conditions à remplir pour ef-
facer cette garantie des hypothèques non inscrites.

Cette purge est permise seulement à l'acquéreur,
le capitaliste qui prête sur hypothèque ne peut jamais
user de cette faculté malgré le grand intérêt qu'il aurait à le faire.

Une exception a été introduite, toutefois, pour le
Crédit foncier. Cette institution si précieuse pour la
prospérité de l'agriculture et du commerce est régle-
mentée par le décret du 28 février 1852 et par la
loi du 10 juin 1853. Le propriétaire d'immeubles qui

a besoin d'argent trouve des capitalistes qui lui prê-
tent leurs fonds, mais pour un temps fort restreint
relativement à la spéculation qu'il a entreprise ; à l'é-
poque d'exigibilité il est forcé de recourir à un nouvel
emprunt pour couvrir le premier, de là des frais
énormes ; s'adresse-t-il au Crédit foncier, il jouit d'un
mode de libération d'un avantage inappréciable : au
moyen d'annuités servies pendant dix, vingt, cin-
quante années, même davantage, il arrive insensi-
blement à amortir sa dette. Cette faculté exceptionnelle ne peut lui être offerte que par un prêteur jouissant d'une garantie que ne peut primer aucun droit
préférable au sien, en un mot, d'une sûreté qui ne
peut en aucune manière être sujette à des déchéances
Cette situation était impossible avec l'hypothèque de
la femme, et il a fallu, sous peine de voir le Crédit
foncier réduit à l'état de pure théorie, lui permettre
de s'affranchir des risques auxquels les règles du
droit commun l'exposaient. Tel a été le motif de
l'exception faite en sa faveur.

Les acquéreurs (1394, C. N.) qui auront l'intention de
purger seront tenus de déposer copie dûment collationnée du contrat translatif de propriété au greffe du tribunal civil du lieu de la situation des biens, et de cer-
tifier par acte signifié, tant à la femme qu'au procureur impérial, le dépôt qu'ils auront fait. Extrait de
ce contrat, contenant sa date, les noms, prénoms,
professions et domiciles des contractants, la désignation de la nature et de la situation des biens, le prix
et les autres charges de la vente, sera et restera affi-
ché pendant deux mois dans l'auditoire du tribunal ;

pendant ce temps les femmes, les maris et le procureur impérial seront reçus à requérir, s'il y a lieu, et à faire faire au bureau du conservateur des hypothèques des inscriptions sur l'immeuble aliéné.

Examinons en détail les différentes prescriptions de cet article. Il n'est pas nécessaire que le dépôt soit fait par avoué, la loi ne l'exige pas; cet officier ministériel a qualité, il est vrai, pour faire la copie collationnée, mais cette aptitude ne suffit pas pour créer un droit exclusif en sa faveur, et prononcer une nullité dont la loi ne parle pas. De même, la signification n'a pas besoin d'être faite par un huissier commis, comme l'exige l'article 832 du Code de procédure, ce texte se réfère uniquement aux articles qu'il indique, 2183 et 2185. Quelques auteurs, considérant l'intérêt de l'époux opposé à celui de la femme, et le danger que l'exploit n'arrive point aux mains de celui-ci, ont prononcé la nullité de la remise faite au mari : nous ne saurions être de leur avis; la loi ne les autorise pas à donner cette solution ; selon nous, la signification faite à domicile, ou même à des voisins, satisferait à la prescription du législateur, et en aucune manière on ne peut admettre leur opinion devant les termes formels de l'article 1030 du Code de procédure, qui s'exprime ainsi : Aucun exploit ou acte de procédure ne peut être déclaré nul, si la nullité n'en est pas formellement prononcée par la loi. L'exploit peut être remis aux parents qui se trouvent dans la maison; la loi ne distingue pas entre celui à la requête duquel cet acte est fait et celui auquel il est étranger ; nous ne pouvons pas distinguer : qu'importe à qui remise ait été faite, pourvu qu'il soit parvenu à destination; mais si la femme arrivait à prouver qu'elle n'a rien reçu, dans ce cas il y aurait lieu de prononcer la nullité.

Toutes les formalités indiquées supposent les créanciers à hypothèques légales connus; mais il peut arriver qu'ils ne le soient pas : comment procéder alors? Le Code n'avait pas indiqué de moyen; un avis du conseil d'État des 9 mai et 1er juin 1807 est venu combler cette lacune.

Tout n'est pas fini après l'accomplissement des prescriptions de l'article 2194, il y a seulement un appel fait aux créanciers et ceux-ci ont deux mois pour faire inscrire leur droit.

Ou la femme néglige de rendre sa créance publ… que, ou elle s'inscrit.

S'il ne survient pas d'inscription dans le dé'' soixante jours, ce défaut de publicité purge ' o-thèque légale de la femme, qu'elle soit majeure ou mineure, peu importe le régime sous lequel elle est mariée, fût-ce même le régime dotal. Il s'agit non d'une prescription, mais d'une déchéance. L'intérêt de la femme est dominé par un intérêt plus grand encore, celui d'assurer le dégrèvement de l'immeuble et la sûreté des tiers; l'acquéreur n'a plus à craindre d'être dépossédé, le droit de suite est perdu.

Quant au droit de préférence, la cour de Cassation, sous l'empire du Code Napoléon, le déclarait perdu comme le droit de suite lui-même. Cette solution rigoureuse était rejetée par un grand nombre de cours d'appel qui admettaient la survie du droit de préférence au droit de suite. Aujourd'hui cette controverse ne présente plus qu'un intérêt historique, la loi du 21 mai 1858 s'est déclarée en faveur de la femme et avec raison; l'acquéreur, en effet, n'a aucun intérêt à contester son droit; ne doit-il pas son prix ? que lui importe alors de le payer à une personne plutôt qu'à une autre, si le payement doit le libérer? Les tiers auraient bien intérêt à contester cette faveur accordée à la femme, mais ils n'en ont pas le droit, puisque vis-à-vis d'eux la garantie de cette dernière existe sans inscription. L'exercice de ce droit de la femme est soumis à certaines conditions contenues dans les articles 717 et 772 du Code de procédure; les délais qui lui sont assignés ont pour but de valider les payements qui peuvent avoir été ordonnés ou faits avec le prix d'acquisition.

La femme, au contraire, prend-elle une inscription : elle conserve et son droit de suite et son droit de préférence, et dès lors il ne peut être rien fait sans elle. Aucun délai ne lui est assigné pour surenchérir, de là quelques auteurs combinant les formalités des deux sortes de purges en faveur des femmes ont dit : L'article 2194 porte que l'inscription prise dans les deux mois produira le même effet que si elle avait été prise au moment même de la naissance de l'hypothèque; or, aux termes de l'article 2185, quarante jours lui sont accordés à compter de la notification exigée de l'acquéreur, ce dernier devra donc remplir les formalités de la purge des hypothèques inscrites; comment le créancier pourrait-il juger l'opportunité de sa surenchère si on ne lui fait point connaître le montant du

prix de la vente ou l'évaluation exigée au cas de donation ou d'échange? Une semblable solution ne nous
paraît point conforme à l'idée du législateur : ainsi
que nous l'avons déjà exprimé, il a tracé dans deux
chapitres distincts les formalités nécessaires dans le
cas où l'hypothèque a ou n'a pas été inscrite, et chacune de ces procédures se suffit à elle-même ; au surplus l'article 2193 qui reproduit la décision de l'édit
de 1771 vient à l'appui de notre système, puisqu'il
permet à l'acquéreur de payer son prix, ce qui ne
pourrait se concilier avec une crainte de surenchère.
Enfin cette surenchère même, si elle était permise,
serait une arme vaine pour la femme qui n'en usera
presque jamais à cause de son état de dépendance
vis-à-vis du mari. Deux hypothèses peuvent se présenter : la femme est primée par d'autres créanciers
possesseurs d'un rang préférable au sien, le déten our
paie alors valablement son prix aux créanciers qui
viennent en ordre utile, et s'il reste quelque chose
du prix après leur désintéressement, le droit de
celle-ci est réduit à la portion non absorbée. La
femme au contraire prime-t-elle les autres créanciers :
l'acquéreur, dit l'article 2193, ne peut faire aucun
payement à son préjudice, elle est alors colloquée jusqu'à concurrence d'une somme suffisante pour la garantie de tous ses droits éventuels, qu'ils soient conditionnels ou indéterminés. Le payement ne pourra
être effectué entre les mains du mari, car c'est lui qui
est le débiteur; l'acquéreur conservera les fonds dont
il paiera les intérêts, ou bien s'il trouve cette charge

trop lourde il déposera la somme à la caisse des dé-
pôts et consignations.

L'article 2193 ordonne enfin que les inscriptions des
autres créanciers ne venant pas en ordre utile seront
rayées ; lorsque la créance de la femme , certaine et
déterminée, absorbe la totalité du prix, rien de mieux;
mais ce texte est trop absolu dans le cas où le droit
de celle-ci est indéterminé, ce qui a lieu nécessairement tant que dure le mariage ; l'utilité de l'inscription ne peut être jugée que par la liquidation, il est de
toute justice de les conserver jusqu'à cette époque.

Quand la vente avait lieu par suite d'expropriation
forcée, on se demandait, sous le Code, si la purge
était nécessaire; pour les hypothèques inscrites la
négative était généralement admise à cause des noti-
fications qui ont lié les créanciers aux formalités de
la saisie; pour les hypothèques légales non inscrites
les opinions variaient à cause de l'impossibilité dans
laquelle la femme se trouvait de connaître la vente:
il importe, disait-t-on, que les femmes soient mises
en demeure de s'inscrire et de surenchérir après l'adjudication prononcée, puisqu'elles n'ont pas été mises
en demeure de le faire avant. Cette difficulté a été
tranchée par la loi que nous avons déjà eu l'occasion
de citer (21 mai 1858) : une sommation pareille à
celle destinée aux créanciers inscrits leur est faite, et
dès lors l'article 692 du Code de procédure a pu , concluant avec raison que le jugement d'adjudication
dûment transcrit purge toutes les hypothèques et que
les créanciers conservent action seulement sur le

prix, reproduire le vieux principe : *décret forcé nettoie toutes les hypothèques.*

La solution sera la même lorsque l'aliénation aura lieu par suite d'expropriation pour cause d'utilité publique ; la publicité qui environne l'accomplissements de formalités prescrites par la loi du 3 mai 1841 a paru constituer un palliatif suffisant pour les créanciers.

POSITIONS.

—

DROIT ROMAIN.

I. Le mari, à toute époque, même sous Justinien, est propriétaire de la dot; la femme, pendant la période classique, en est simplement créancière; mais au temps de Justinien, elle en est propriétaire dans une certaine mesure.

II. La femme ne peut pas renoncer à son *privilegium inter personales actiones* pendant la durée du mariage, mais elle peut renoncer à son hypothèque conventionnelle.

III. La loi Julia s'occupe uniquement de la prohibition d'aliéner le fonds dotal; la défense de l'hypothéquer découle du sénatus-consulte Velléien.

IV. Les créanciers dont le rang est postérieur à celui de la femme ne peuvent pas user du *jus offerendi* dans le but d'acquérir le droit d'exercer des poursuites au cas où la femme, *constante matrimonio*, obtient la restitution de sa dot.

V. Avant Justinien, la femme n'avait pas le droit de revendication.

VI. L'action en revendication accordée à la femme par la loi 30, *C. de jure dotium*, ne s'applique pas d'une manière générale à tous les biens dotaux : on doit faire des distinctions.

VII. La loi Julia n'a pas été écrite pour les meubles;

Justinien, en étendant sa disposition, a laissé cependant en dehors de son texte cette sorte de biens.

VIII. La femme peut renoncer à son hypothèque légale sur les biens du mari.

IX. Elle peut renoncer à cette même sûreté atteignant les meubles dotaux.

X. Lorsque le mari aliène seul les meubles dotaux, la femme ne conserve pas de droit de suite contre les tiers acquéreurs.

—

DROIT FRANÇAIS.

CODE NAPOLÉON.

I. La femme étrangère n'a point d'hypothèque sur les immeubles que son mari possède en France.

II. L'inaccomplissement de la formalité prescrite par l'article 171 du Code Napoléon ne prive point la femme de son hypothèque légale.

III. L'hypothèque légale de la femme prend rang, pour sa dot et ses conventions matrimoniales, de la date de la célébration du mariage et non de celle du contrat anténuptial.

IV. La dot mobilière est aliénable sous le régime dotal.

V. La femme, en cas d'aliénation de l'immeuble dotal, a le droit d'option entre l'action révocatoire et l'action hypothécaire ; elle peut même exercer cette option au cours du mariage dans le cas où un ordre vient à s'ouvrir sur les biens du mari.

VI. Dans aucun cas, soit que la femme accepte la communauté, soit qu'elle y renonce, son hypothèque ne doit porter sur les conquêts.

VII. Le consentement de la femme est indispensable pour le mari qui veut faire réduire l'hypothèque légale.

VIII. L'intention des parties doit être seule consultée pour décider si la renonciation de la femme à son hypothèque légale est translative et investitive, ou purement extinctive.

IX. La procuration donnée par la femme pour céder son hypothèque légale ou y renoncer doit être constatée dans un acte authentique.

X. Lorsqu'un créancier a obtenu par le même acte une hypothèque conventionnelle et une subrogation à l'hypothèque légale de la femme, il peut valablement inscrire sa créance au moyen d'un bordereau collectif.

XI. Le défaut d'inscription par la femme dans les délais de la purge lui fait perdre le droit de suite, mais elle conserve le droit de préférence si elle agit conformément aux articles 717 et 772 du Code de Procédure.

XII. La femme mariée sous l'empire d'une coutume assignant à son hypothèque une date unique, si elle vit encore sous l'empire du Code Napoléon, doit jouir du même bénéfice, par application du principe que la loi n'a pas d'effet rétroactif.

DROIT COMMERCIAL.

I. Un tribunal civil a le droit d'appliquer à la femme d'un commerçant les règles écrites au titre de la faillite, alors même que cette faillite n'a pas été prononcée, pourvu que les faits pouvant la motiver soient constants.

II. Si le mari commerçant acquiert par licitation la totalité d'un immeuble dont il était propriétaire par indivis, il faut faire application de l'article 883 du Code Napoléon, et dire que l'hypothèque légale de la femme devra atteindre l'immeuble entier.

—

PROCÉDURE.

I. La tierce opposition est pour le quasi-contrat judiciaire ce qu'est l'action Paulienne pour tous les autres contrats, elle est révocatoire des actes faits par un ayant-cause qui, au lieu de représenter son auteur, a colludé contre lui.

II. Le jugement condamnant un successible en qualité d'héritier pur et simple n'a qu'une autorité relative, il ne peut être opposé à ce dernier que par celui qui l'a obtenu.

—

DROIT ADMINISTRATIF.

I. Le préfet qui a reçu, de l'article 23 du décret législatif du 17 février 1852, le droit de désigner les journaux où les publications légales doivent se pro-

10

duire, peut désigner un journal du chef-lieu alors même qu'il en existe un dans l'arrondissement.

II. Le cours d'eau et le lit des rivières qui ne sont ni navigables ni flottables sont choses communes.

—

DROIT ADMINISTRATIF ET CRIMINEL.

I. Une Cour d'assises n'est pas compétente pour apprécier la validité d'une extradition.

II. Elle ne peut pas, sur la demande de l'extradé, surseoir jusqu'à ce que la validité de l'extradition ait été appréciée par l'autorité compétente.

III. Elle doit se borner à juger les faits pour lesquels l'extradition a été accordée.

—

DROIT PÉNAL.

L'interdit légal a la capacité de tester.

———

Vu par le Président de thèse,
TH. DUCROCQ.

Vu par le Doyen,
BOURBEAU.

Permis d'imprimer :
Le Recteur,
A. MAGIN (O. ✻).

———

TABLE DES MATIÈRES.

DROIT ROMAIN.

Des diverses garanties accordées à la femme pour la restitution de sa dot. — De l'hypothèque légale de la femme mariée.

DROIT FRANÇAIS.

De l'hypothèque légale de la femme mariée.

POITIERS. — TYPOGRAPHIE DE HENRI OUDIN.

POITIERS. — TYPOGRAPHIE DE HENRI OUDIN.

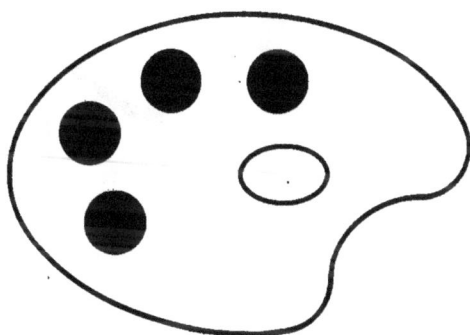

Original en couleur
NF Z 43-120-8

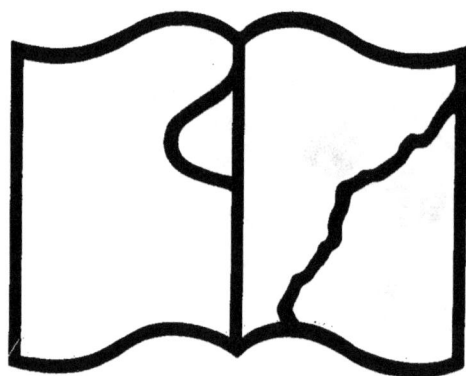

Texte détérioré — reliure défectueuse

NF Z 43-120-11

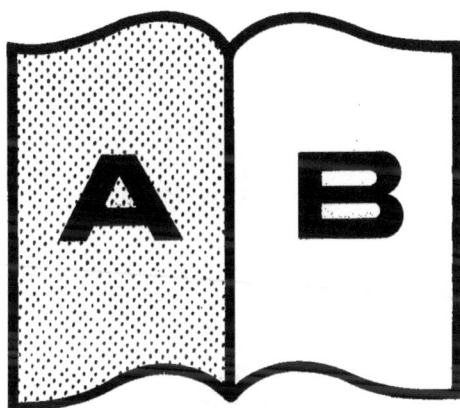

Contraste insuffisant

NF Z 43-120-14

www.ingramcontent.com/pod-product-compliance
Lightning Source LLC
Chambersburg PA
CBHW071852200326

41519CB00016B/4354